史记

卷三

【西汉】司马迁 著
李楠 编译

萧相国世家

【原文】

萧相国①何者，沛丰②人也。以文无害③，为沛主吏掾④。

【注释】

①相国：官名，其职权与丞相同，但位望尊于丞相。汉初中央政权和各诸侯王国都置有相国，中央政权的相国辅佐皇帝，总理政务，是朝中最高官职。②沛：县名，秦属泗水郡，汉属沛郡，故治即今江苏沛县。丰：邑名，秦属沛县，汉置丰县，故地在今江苏丰县。③文：文法，法律，此指通晓法律。无害：无比，没人比得上。一说指不枉害人。④主吏掾：即功曹掾，为郡县长官的属吏，主管人事考绩，记录吏员的功过。掾，长官属吏的通称。

【译文】

萧相国何是沛县丰邑人。因为他通晓律令，执法公平，没有别人能比得上，所以被任命为沛县的主吏掾。

【原文】

高祖为布衣①时，何数以吏事②护高祖。高祖为亭长③，常左右④之。高祖以吏繇⑤咸阳，吏皆送奉钱三⑥，何独以五。

【注释】

①布衣：麻布做的衣服，为平民着装，后因用以代称平民百姓。②数：屡次。吏事：指吏员职权范围内的事务。

③亭长：秦时大约十里左右设一亭，职掌治安及有关民事。亭设亭长一人。④左右：同『佐佑』，帮助，照顾。⑤繇：通『徭』，此用作动词，谓服徭役（封建国家强迫平民负担的无偿劳役）。⑥送奉：奉送，资助。钱三：司马贞《索

隐》谓『三』指三百，当时有以一当百的大钱，所以『钱三』应是三百钱。

【译文】

高祖还是平民百姓的时候，萧何屡次利用自己县吏的职权保护他。高祖担任亭长，萧何又经常给他帮助。高祖以吏员的身份去咸阳服徭役，（临行时）县吏们都奉送三个大钱，只有萧何送了五个大钱。

【原文】

秦御史监郡者与从事①，常辨②之。何乃给泗水卒史③事，第一。秦御史欲入言征何，何固请，得毋行。

【注释】

①御史：官名，掌管弹劾纠察。郡：秦汉时县以上的一级行政单位，直属中央朝廷。御史被派出监察郡的官吏，称『监郡』。从事：吏员名。秦汉时郡级政权机构设置从事史，主管文书，并察举非法。②辨：通『办』，指诸事备办。③给：给事即供职。泗水：秦郡名，治所在沛（今江苏沛县）。卒史：当时郡设卒史十人，是年俸仅一百石的低级官吏。

【译文】

秦朝的一个御史（来到泗水郡）监察郡政，与从事史一起处理公务，萧何总能把事情办得很妥当。于是萧何被委任为泗水郡的卒史，在同行考核中列为第一。秦朝的御史想向朝廷报告征调萧何，萧何坚决辞谢，终于获准可以不去。

【原文】

及高祖起为沛公①，何常为丞②督事。沛公至咸阳，诸将皆争走金帛财物之府③分之，何独先入收秦丞相御史律令图书④藏之。沛公为汉王⑤，以何为丞相。项王与诸侯屠烧咸阳而去⑥。汉王所以具知天下阸塞⑦，户口多少，强弱之处，民所疾苦者，以何具得秦图书也。何进言韩信，汉王以信为大将军。语在《淮阴侯》事中。

【注释】

①沛公：即刘邦。②丞：辅佐官。③走：奔走，趋赴。府：国家收藏文书或财物的地方。④丞相：官名，职权同相国而位望稍次。御史：此指御史大夫，秦时御史大夫相当于副丞相，并统率御史掌纠察之事，又主管国家的图籍秘书。图书：指地图、户籍及其他财赋、兵事等方面的档案资料和各种书籍。⑤沛公为汉王：汉元年（公元前206年），刘邦、项羽先后入关，秦朝灭亡。项羽恃兵威分封诸侯，以刘邦为汉王，统治汉中及巴、蜀之地。⑥项王：即项羽，时项羽自封为西楚霸王。屠烧咸阳事，详见本书《项羽本纪》。去：离去。⑦阸塞：险要之地。

【译文】

等到高祖起兵当了沛公，萧何常常作为他的辅佐官，督察处理日常事务。沛公进入咸阳，将领们都争先奔向储藏金帛财物的仓库去分东西，唯独萧何先去把秦朝丞相和御史大夫保管的法律诏令以及各种图书文献收藏起来。沛公立为汉王，让萧何当丞相。项羽与诸侯的军队屠杀焚烧咸阳，然后离去。而汉王后来之所以能详细地知道全国各处的险关要塞，户口多少，兵力强弱，百姓们的疾苦，都是因为萧何完整地得到了秦朝的文献档案。萧何又向汉王进言，推荐韩信，汉王就任命韩信为大将军，这件事的详情记载在《淮阴侯列传》中。

【原文】

汉王引兵东定三秦[1]，何以丞相留收巴蜀[2]，填抚[3]谕告，使给军食。汉二年[4]，汉王与诸侯击楚，何守关中[5]，侍太子，[6]治栎阳[7]。为法令约束，立宗庙[8]社稷宫室县邑，辄奏上，可，许以从事；即不及奏上，辄以便宜[9]施行，上来以闻。

关中事计户口转漕⑩给军，汉王数失军遁去，何常兴⑪关中卒，辄补缺。上以此专属⑫任何关中事。

【注释】

①三秦：项羽灭秦后，把战国时期秦国旧有的关中之地一分为三，以封秦三降将。其中章邯被封为雍王，领有咸阳以西之地；司马欣被封为塞王，领有咸阳以东直到黄河之地；董翳被封为翟王，领有上郡（今陕西北部）之地；合称『三秦』。高祖二年（公元前205年），汉兵东出，章邯兵败远逃，司马欣、董翳投降，三秦之地尽归汉有。②巴：秦郡名，治所在江州（今四川重庆市嘉陵江北岸），辖境约相当于今四川阆中、南充、合川、内江、泸州以东地区。蜀：秦郡名，治所在成都（今四川成都市），辖境约相当于今四川松潘、茂汶、广元以南，北川、彭县、荥经、天全以东，石棉、峨边、宜宾以北地区，东与巴郡接壤。③填：通『镇』。填抚：镇守安抚。④汉二年：公元前205年。⑤关中：地名，约当今陕西一带，因处于函谷关、武关、散关、萧关之间而得名。⑥太子：刘邦子刘盈，即后来的汉惠帝。⑦栎阳：县名，秦时属内史，塞王司马欣以此为都，时司马欣已降汉，刘邦移都于此。⑧宗庙：帝王奉放祖先神主并进行祭祀的地方。⑨便宜：因利乘便，行其宜办之事。⑩漕：水道运粮。⑪兴：征召发动。⑫属：托付。

【译文】

汉王带兵东出，平定三秦，萧何以丞相的身份留在后方，负责收服巴蜀，镇守安抚，发布政令，告谕百姓，为在前方作战的军队供给粮食。汉王二年（公元前205年），汉王联合诸侯一起攻打项羽，萧何留守关中，侍奉太子，在栎阳处理政务。他制定各种法令制度，建立宗庙、社稷、宫殿、县邑，总是先向汉王上奏报告，汉王也总是予以批准，许他施行。有时来不及上奏，就因利乘便，用最合适的方式先行办理，等汉王回来再报告。萧何在关中管理户口，通过水路和陆路转运军粮，供应前方的军队。汉王在战场上多次损失军队逃走，萧何经常征发关中的士卒，随时补充汉王军队的损失。汉王因此把关中的事务专门委托给萧何。

【原文】

汉三年，汉王与项羽相距京索①之间，上数使使劳苦丞相。鲍生②谓丞相曰："王暴衣露盖③，数使使劳苦君者，有疑君心也。为君计，莫若遣君子孙昆弟能胜兵者悉诣军所④，上必益信君。"于是何从其计，汉王大说⑤。

【注释】

①距：通"拒"，对抗。京：县名，秦属三川郡，汉属河南郡，故治在今河南荥阳西南。索：城邑名，故址在今河南荥阳市城。②鲍生：当时的一名谋士，史失其名，《史记》仅此一见。③暴衣露盖：衣冠暴露于户外，喻辛劳艰苦，不得安逸。④昆弟：兄弟。胜：力能胜任。诣：到，前往。⑤说：通"悦"。

【译文】

汉王三年（公元前204年），汉王与项羽两支军队在京索之间对峙，汉王多次派遣使者到关中去慰劳丞相。鲍生对丞相说："君王在外，风餐露宿，却屡屡派人来慰劳您，这是起了怀疑您的心思。为您打算，您不如把自己子孙兄弟中能够作战的都派到前线军队中去，这样君王一定会更信任您。"于是萧何听从了他的计策，汉王大为高兴。

【原文】

汉五年，既杀项羽，定天下，论功行封。群臣争功，岁余功不决。高祖以萧何功最盛，封为酂①侯，所食邑多②。功臣皆曰："臣等身被坚执锐，多者百余战，少者数十合③，攻城略地，大小各有差④。今萧何未尝有汗马之劳，徒持文墨议论，不战，顾反居臣等上，何也？』高帝曰：『诸君知猎乎？』曰：『知之。』『知猎狗乎？』曰：『知之。』高帝曰：『夫猎，追杀兽兔者狗也，而发踪指示兽处者人也。今诸君徒能得走兽⑤耳，功狗也。至如萧何，发踪指示，功人也。且诸君独以身随我，多者两三人。今萧何举宗数十人皆随我，功不可忘也。』群臣皆莫敢言。

【注释】

①酂：汉县名，属沛郡，故治在今河南永城西。②所食邑多：据本书《高祖功臣侯者年表》，萧何初封即食邑八千户。③合：合战，交战。④差：区别，等级。⑤得走兽：疑当作『走得兽』，即上文『追杀兽兔』之义。

【译文】

汉王五年（公元前202年），已经消灭了项羽，平定了天下，汉王要评定功劳，进行封赏。由于群臣争功，过了一年多仍然没把功劳的大小决定下来。高祖认为萧何的功劳最大，把他封为酂侯，给他的食邑很多。功臣们都说：『我们亲自身披铠甲，手执兵器作战，多的打过一百多仗，少的也经历了几十次战斗，攻破敌人的城池，夺取敌人的土地，或大或小，都有战功。现在萧何没有立过汗马功劳，只不过靠舞文弄墨，发发议论，从不上战场，却反而位居我们之上，这是什么道理？』高祖说：『诸位懂得打猎吗？』功臣们回答：『懂得。』又问：『你们知道猎狗的作用吗？』答道：『知道的。』高祖说：『打猎的时候，追赶扑杀野兽兔子的是猎狗，能够发现踪迹向猎狗指示野兽所在之处的是猎人。现在你们诸位只能奔走追获野兽，不过是有功的猎狗。至于萧何，他能发现踪迹，指示方向，是有功的猎人。何况你们都只是自己本人追随我，至多不过加上两三个亲属，而萧何全部宗族几十个人都跟随我，他的功劳是不能忘记的。』群臣听了，都不敢再说什么。

【原文】

列侯①毕已受封，及奏位次，皆曰：『平阳侯曹参身被②七十创，攻城略地，功最多，宜第一。』上已桡③功臣，多封萧何，至位次未有以复难④之，然心欲何第一。关内侯鄂君⑤进曰：『群臣议皆误。夫曹参虽有野战略地之功，此特一时之事。夫上与楚相距五岁，常失军亡众，逃身遁者数矣。然萧何常从关中遣军补其处，非上所诏令召，而数万众会上之乏绝者数矣。夫汉与楚相守荥阳⑥数年，军无见⑦粮，萧何转漕关中，给食不乏。陛下虽数亡山东⑧，萧何常全关中以待陛下，此万世之功也。今虽亡⑨曹参等百数，何缺于汉？汉得之不必待以全。奈何欲以一旦之功而加⑩万世之功哉！萧何第一，曹参次之。』高祖曰：『善。』于是乃令萧何第一，赐带剑履上殿，入朝不趋⑪。

【注释】

①列侯：秦爵二十等，以『彻侯』为最尊。汉因之，后避汉武帝刘彻讳，改称『通侯』，又称『列侯』。此司马迁用后来的爵称追记前事。②曹参：沛人，秦末任沛县狱吏。后随刘邦起兵反秦，并佐刘邦灭项羽，大小数十战，功最多，被封为平阳侯。惠帝时继萧何为丞相，卒于惠帝五年（公元前90年）。详见本书《曹相国世家》。平阳：汉县名，属河东郡，故治在今山西临汾西南。被：遭受。③桡：弯曲，这里用作动词，是使之屈从的意思。④难：诘责，非难。⑤关内侯：秦爵第十九等，位次于彻侯，居于关内（王畿所在的关中地区）而无具体封国；汉因之。鄂君：名千秋，时官谒者（掌宾客礼赞），是刘邦近臣。⑥荥阳：县名，秦属三川郡，汉属河南郡，故治在今河南荥阳东北。⑦见：通『现』，现成的。⑧山东：战国秦汉时期对崤山（在今河南洛宁北）或华山（在今陕西华阴南）以东广大地区的习惯称呼。⑨亡：通『无』。⑩加：加之于上，高出。⑪趋：小步快走。

【译文】

列侯们都已受封完毕，等到要奏报排列的位次的时候，大臣都说：『平阳侯曹参作战身受七十处创伤，攻破城池，夺取土地，功劳最多，应该位居第一。』高祖已经硬要功臣屈从自己，封给萧何很多食邑，到排定位次时，找不到理由驳倒功臣们的意见，但心里还是想让萧何居首。关内侯鄂君进言说：『群臣的议论都是错误的。那曹参虽然有野战杀敌、夺取土地的功劳，这只不过是一时的事情。陛下与项王相峙五年，经常因为战败而丧失军队，士卒逃散，单身逃走多次了。然而萧何总能从关中派遣士卒补充前线的军队，虽然没有得到陛下征召兵员的诏令，而在陛下危急的时候，他却能派遣几万士卒来到陛下身边，这也有多次了。汉楚两军在荥阳对抗几年，军队没有现成的粮食，而萧何从关中水陆转运，供给粮食，从不匮乏。陛下屡屡把山东地区丢失给项羽，但萧何一直保全关中等待陛下，（让陛下可以运用关中的人力物力组织反攻）这是万世不朽的功劳。如今曹参这样的人即使少掉几百个，对汉朝来讲，算得了什么损失？汉朝有了这些人，也未必能靠他们得以保全。怎么能起意让一时的功劳凌驾于万世的功劳之上呢？（应该是）萧何为第一，曹参第二。』高祖说：『说得好。』于是就下令定萧何在功臣中位居第一，赐给他特殊的礼遇：可以带剑穿履上殿，入朝拜见时不必同别的臣下一样小步快走。

【原文】

上曰：『吾闻进贤受上赏。萧何功虽高，得鄂君乃益明。』于是因鄂君故所食关内侯邑封为安平①侯。是日，悉封何父子兄弟十余人，皆有食邑。乃益封何二千户，以帝尝繇咸阳时何送我独赢②奉钱二也。

【注释】

①安平：汉县名，属涿郡，故治即今河北深州市城关。鄂千秋封安平侯，食邑二千户。②羸：盈，多出。

【译文】

高祖又说：“我听说进荐贤能的人应该得到重赏。萧何的功劳固然很高，但得到鄂君的申说才更加明显。”于是依照鄂君原先所享关内侯的食邑，封他为安平侯。这一天，对萧何的父子兄弟共十多个人全都给予封赏，使他们都有食邑。又加封萧何食邑二千户，因为高祖当年去咸阳服徭役时，唯独萧何比别人多奉送两个大钱。

【原文】

汉十一年，陈豨[1]反，高祖自将，至邯郸[2]。未罢，淮阴侯[3]谋反关中，吕后用萧何计，诛淮阴侯，语在《淮阴》事中。上已闻淮阴侯诛，使使拜丞相何为相国，益封五千户，令卒五百人一都尉[4]为相国卫。诸君皆贺，召平独吊[5]。召平者，故秦东陵侯。秦破，为布衣，贫，种瓜于长安城东，瓜美，故世俗谓之“东陵瓜”，从召平以为名也。召平谓相国曰：“祸自此始矣。上暴露于外而君守于中，非被矢石之事而益君封置卫者，以今者淮阴侯新反于中，疑君心矣。夫置卫卫君，非以宠君也。愿君让封勿受，悉以家私财佐军，则上心说。”相国从其计，高帝乃大喜。

【注释】

①陈豨：宛朐（今山东菏泽西南）人。从刘邦起兵，以功封阳夏侯，官巨鹿郡守。后为赵相国，统率赵、代边兵。因结客养士，为朝廷所疑，于高祖十年（公元前197年）九月反，勾结匈奴，自立为代王。高祖十二年（公元前195年）冬兵败被杀。详见本书《韩信卢绾列传》。②邯郸：汉县名，属赵国，故治在今河北邯郸市西南。③淮阴侯：即韩信。

陈豨谋反，韩信曾与通谋。④都尉：武官名，位低于将军。⑤吊：此指对遇到灾祸的人表示哀怜、慰问。

【译文】

高祖十一年（公元前196年），陈豨反叛，高祖亲自统率军队，到达邯郸。战事还没有结束，淮阴侯韩信在关中谋反，吕后采用萧何的计策，杀了淮阴侯，此事记载在《淮阴侯列传》中。高祖听说淮阴侯已经被杀的消息后，就派遣使者拜丞相萧何为相国，加封食邑五千户，命令安排五百名士兵由一名都尉率领充任相国的卫队。当时许多人都向萧何道贺，只有召平表示哀吊。召平这个人本是秦朝的东陵侯。秦朝灭亡后，成了平民百姓，生活贫苦，在长安城东种瓜。他种的瓜味道好，人们俗称为『东陵瓜』，就是取名于召平从前的封号。召平对相国说：『您的祸患从此开始了。皇上在外作战风餐露宿，而您留守京城，并不需要冒着矢石去冲锋陷阵，但皇上却要给您加封食邑、设置卫队，这是因为淮阴侯刚刚在关中谋反，皇上对您也起了疑心。设置卫队来保护您，这不是宠信您的表示。希望您辞让封赏不予接受，再把自己的全部家财私产拿出来赞助军需，这样皇上心里就会高兴了。』相国听从了召平的计策，高祖果然大为高兴。

【原文】

汉十二年秋，黥布①反，上自将击之，数使使问相国何为。相国为上在军，乃拊循②勉力百姓，悉以所有佐军，如陈豨时。客有说③相国曰：『君灭族不久矣。夫君位为相国，功第一，可复加哉？然君初入关中，得百姓心，十余年矣，皆附君，常复孳孳得民和④。上所为数问君者，畏君倾动关中。今君胡不多买田地，贱贳贷以自污⑤？上心乃安。』于是相国从其计，上乃大说。

【注释】

①黥布：本姓英名布，因曾受黥（面上刺字，以墨涅之）刑，所以又称黥布。②拊循：安抚，抚慰。③说：用言语打动别人。④孳孳：同『孜孜』，勤勉不懈的样子。民和：即人和，人民的欢心。⑤贳贷：赊欠，借贷。自污：自行蒙受污垢，自己败坏自己的名声。

【译文】

高祖十二年（公元前 195 年）秋天，黥布起兵反叛，高祖亲自统率军队前去讨伐，在军中多次派遣使者来问相国在做些什么。相国因为皇上在军中，就努力安抚勉励百姓，把所有的东西都送去供应军需，就像平定陈豨叛乱时一样。有个说客对相国说：『您要不了多久就会遭受灭族的惨祸了。您位为相国，功居第一，难道还可以再增加吗？而您从刚进关中的时候起，就深得民心，到现在已有十多年了，百姓们都亲附您，您总是勤勉办事，得到百姓的欢心。皇上之所以屡次派人来问您的情况，是怕您利用自己的威望动摇关中。如今您何不多买些田地，并低价赊购、借贷来玷污自己，（如果这样做的话）皇上对您就放心了。』于是相国听从了他的计策，高祖很是高兴。

【原文】

上罢布军归，民道遮行上书，言相国贱强[①]买民田宅数千万。上至，相国谒。上笑曰：『夫相国乃利民[②]！』民所上书皆以与相国，曰：『君自谢[③]民。』相国因为民请曰：『长安地狭，上林[④]中多空地，弃，愿令民得入田[⑤]，毋收稿[⑥]为禽兽食。』上大怒曰：『相国多受贾人[⑦]财物，乃为请吾苑！』乃下相国廷尉[⑧]，械系[⑨]之。数日，王卫尉[⑩]侍，前问曰：『相国何大罪，陛下系之暴[⑪]也？』上曰：『吾闻李斯相秦皇帝[⑫]，有善归主，有恶自与。今相国多受贾竖⑬金而为民请吾苑，以自媚于民，故系治之。』王卫尉曰：『夫职事苟有便于民而请之，真宰相事，陛下奈何乃疑相国受贾人钱乎！且陛下距楚数岁，陈豨、黥布反，陛下自将而往，当是时，相国守关中，摇足则关以西非陛下有也。相国不以此时为利，今乃利贾人之金乎？且秦以不闻其过亡天下，李斯之分过，又何足法哉。陛下何疑宰相之浅也。』高帝不怿⑭。是日，使使持节⑮赦出相国。相国年老，素恭谨，入，徒跣⑯谢。高帝曰：『相国休矣！相国为民请苑，吾不许，我不过为桀纣⑰主，而相国为贤相。吾故系相国，欲令百姓闻吾过也。』

【注释】

①强：强迫，强行。②利民：谓取民田宅以为利。③谢：认错，致歉。④上林：秦汉时的皇家苑囿，故地在今陕西长安、周至、户县一带，占地广大，内有宫殿，并畜禽兽，供皇帝行猎。⑤田：用作动词，谓耕之为田。⑥稿：禾秆。⑦贾人：商人。⑧廷尉：官名，掌管刑狱，为九卿之一。⑨械：镣铐、桎梏之类的刑具。系：拘囚。⑩卫尉：官名，掌管皇宫禁卫，为九卿之一。王卫尉：史失其名，《史记》仅此一见。⑪暴：急疾，突然。⑫李斯：战国末楚国上蔡（今河南上蔡）人，入秦为客卿，先后任廷尉、丞相，辅佐秦始皇完成了统一事业，并推行一系列加强中央集权的政策。秦皇帝：即秦始皇。⑬竖：奴仆。贾竖：对商人的蔑称。⑭怿：高兴。⑮节：符节，表示使者身份的凭证。⑯徒跣：光着脚步行，这是一种请罪的表示。⑰桀：即帝履癸，夏代最后一个王。纣：即帝辛，商代最后一个王。二人都以暴虐无道著称。

【译文】

高祖平定了黥布的叛乱，撤军返回长安。百姓们拦路上书告状，控告相国用低价强行购买民间的土地房屋，价值数千万之多。高祖回到宫中，相国前来拜见。皇上笑着说：『当相国的竟然侵夺民众的财产，为自己谋利！』把百姓们的控告信全部交给相国，说道：『你自己去向民众谢罪吧！』相国乘机为百姓们请求说：『长安一带地方狭窄，而上林苑中空地很多，白白地抛荒，希望下令让民众进去耕种，（收成后粮食归耕者所有，）禾秸则不许收走，留下来作苑中禽兽的食料。』高祖大发雷霆，说：『相国你大收商人的财物，却来讨取我的上林苑！』于是就下令把相国交给廷尉拘禁起来，还给他上了刑具。过了几天，一个姓王的卫尉侍从高祖，上前问道：『相国犯了什么大罪，陛下怎么突然把他关起来了？』高祖说：『我听说李斯担任秦始皇的宰相，办了好事都归功于主上，有了错误则自己承担。现在相国大量接受那些下贱的商人们的金钱，却来为百姓求取我的苑林，想以此来讨好百姓，所以我要把他关起来治罪。』王卫尉说：『要说在自己的职责范围之内，如果有对民众有利的事就为他们向陛下请求，这真是宰相应做的事，陛下怎么竟然怀疑相国接受了商人的贿赂呢？况且当初陛下与楚军相持不下，有几年之久，陈豨、黥布反叛时，陛下亲自率军外出平叛，在那个时候，相国留守关中，（如存异心）只要稍有举动，函谷关以西的地方就不属陛下所有了。相国不在那时为自己谋利，现在难道会贪求商人的金钱吗？再说秦皇是因为不知道自己的过错而失去了天下，李斯为主上分担过错的做法，又有什么值得效法的呢？陛下怎么能用这种浅陋的眼光来怀疑宰相。』高祖听了，心中很不愉快。当天，派遣使者手持符节赦相国出狱。相国已经年老，平日一向谦恭谨慎，进宫拜见皇上时，光着脚步行表示谢罪。高祖说：『相国请别这样！相国为百姓请求上林苑中的空地，我不允许，不过是我成了桀、纣那样的昏暴君主，而相国却是贤明的宰相。我故意把相国关起来，是想让百姓们都知道我的过错。』

【原文】

何素不与曹参相能①，及何病，孝惠②自临视相国病，因问曰：『君即百岁③后，谁可代君者？』对曰：『知臣莫如主。』孝惠曰：『曹参何如？』何顿首曰：『帝得之矣！臣死不恨矣！』

【注释】

①能：和睦，亲善。②孝惠：刘邦子汉惠帝刘盈，公元前195年继位，在位七年病死。『惠』是他的谥号。汉代标榜以孝治天下，从惠帝起，每个皇帝的谥号前都加一『孝』字。③百岁：死的委婉说法。

【译文】

萧何向来与曹参不和，到萧何病重时，孝惠帝亲自去探望相国的病情，顺便问他：『您百岁之后，谁可以继代您的职位？』萧何回答说：『了解臣下的莫过于君主。』孝惠帝接着问：『曹参这个人怎么样？』萧何叩头说：『皇上您找到合适的人了！我死而无憾了！』

【原文】

何置田宅必居穷处①，为家不治垣屋。曰：『后世贤，师吾俭；不贤，毋为势家所夺。』

【注释】

①穷处：偏远的地方。

【译文】

萧何购置土地房屋一定选择贫穷僻远的地方，营造宅第也从来不修建围墙。他说道：『后代子孙如果贤德，可以从中学我的俭朴；如果不贤无能，（这种房屋）也不会被有势力的人家所侵夺。』

【原文】

孝惠二年[1]，相国何卒，谥为文终侯。

【注释】

①孝惠二年：公元前193年。

【译文】

孝惠帝二年，相国萧何去世，谥为文终侯。

【原文】

后嗣以罪失侯者四世，绝[1]，天子辄复求何后，封续酂侯，功臣莫得比焉。

【注释】

①绝：断绝（子嗣）。

【译文】

萧何的后嗣有四世因为犯罪而失掉爵位，绝封；但天子总是又寻找萧何的后代，重新封为酂侯，其他功臣无人能与他相比。

【原文】

太史公曰：萧相国何于秦时为刀笔吏[1]，录录[2]未有奇节。及汉兴，依日月之末光[3]，何谨守管籥[4]，因民之疾秦法，顺流与之更始[5]。淮阴、黥布等皆以诛灭，而何之勋烂焉。位冠群臣，声施后世，与闳夭、散宜生等争烈[6]矣。

【注释】

①刀笔吏：古代在纸普遍使用以前，一般公文都用笔写在竹木简牍上，写错了就用刀刮去重写，因称从事文牍工作的小吏为『刀笔吏』。②录录：同『碌碌』，平平庸庸，无所作为。③末光：余光。依日月之末光：谓因追随高祖而成名。④管籥：锁钥。籥，通『钥』。⑤更始：更新，重新开始。⑥闳夭、散宜生：都是辅佐周文王开创周朝基业的名臣，其事迹详本书《周本纪》。烈：光明。

【译文】

太史公说：萧相国在秦朝的时候是一个文牍小吏，平平庸庸，无所作为，没有什么突出的表现。等到大汉兴起，他（追随高祖）依靠日月余光的照耀，（才名显天下）萧何谨慎地守护关中这一根本重地，利用民众痛恨秦朝严刑苛法，顺应时代的潮流，与百姓们一起更新政治。淮阴侯韩信及黥布等人都被诛杀，而萧何的功勋光辉灿烂。他位居群臣之首，声名流传后世，可以同周朝的闳夭、散宜生等争光比美了。

曹相国世家

【原文】

平阳[1]侯曹参者，沛[2]人也。秦时为沛狱掾[3]，而萧何为主吏[4]，居县为豪吏矣。[5]

【注释】

①平阳：县名，秦汉时属河东郡，故治在今山西临汾西南。②沛：县名，秦时属泗水郡，汉时属沛郡，故治即

今江苏沛县。③狱掾：郡县中主管刑狱事务的吏员。掾，长官属吏的通称。④主吏：即主吏掾，为郡县长官的属吏，主管人事考绩，记录吏员的功过。⑤豪吏：有势力和威望的吏员。

【译文】

平阳侯曹参是沛县人。他在秦朝时当沛县的狱吏，而萧何任主吏掾，两人在县里是有权势威望的吏员。

【原文】

高祖为沛公而初起也，参以中涓①从。将击胡陵、方与②，攻秦监公③军，大破之。东下薛④，击泗水守军薛郭⑤西。复攻胡陵，取之。徙守方与。方与反为魏⑥，击之。丰⑦反为魏，攻之。赐爵七大夫⑧。击秦司马𡰱军砀东⑨，破之，取砀、狐父、祁善置⑩。又攻下邑⑪以西，至虞⑫，击章邯⑬车骑。攻爰戚及亢父⑭，先登⑮。迁为五大夫⑯。北救阿⑰，击章邯军，陷陈⑱，追至濮阳⑲。攻定陶⑳，取临济㉑。南救雍丘㉒，击李由㉓军，破之，杀李由，虏秦候㉔一人。秦将章邯破杀项梁㉕也，沛公与项羽引而东㉖。楚怀王以沛公为砀郡长㉗，将砀郡兵。于是乃封参为执帛㉘，号曰建成㉙君。迁为戚公㉚，属砀郡。

【注释】

①中涓：原指主管宫中洒扫之事的小臣，此处用来借指亲近的侍从。②将：用作动词，统率军队。胡陵：秦县名，属薛郡，故治在今山东鱼台东南。方与：秦县名，属薛郡，与胡陵接境，故治在今鱼台西。③监：郡监，亦即监郡御史。秦时每郡设三名主要官员：郡守是行政长官，都尉负责军事，监郡御史则监察官吏。公：尊称。据本书《高祖本纪》及《樊郦滕灌列传》，此秦监公是泗水郡监，名平，后降于萧何、夏侯婴。④薛：秦县名，属薛郡，故治在今山东

藤县东南。⑤泗水：秦郡名，治所在沛（今江苏沛县），辖境约相当于今江苏、安徽两省淮河以北，宿迁、泗洪以西，萧县、涡阳、凤台以东地区。守：郡守。郭：外城。⑥魏：指魏王咎。⑦丰：沛县属邑，刘邦的故乡，故地在今江苏丰县。当时守丰的是雍齿，他背叛刘邦，以城降魏。⑧七大夫：秦军功爵分二十级，其第七级为『公大夫』，又称『七大夫』。⑨司马：军中掌管军政、兵员的武官。尸：是『夷』字的古体。砀：秦县名，属砀郡，故治在今河南永城北。⑩狐父：古地名，故地在今安徽砀山东南。祁：古城邑名，故地在今砀山西。置：驿站。善置：当时属祁。⑪下邑：秦县名，属砀郡，故治即今安徽砀山。⑫虞：秦县名，属砀郡，故治在今河南虞城北。⑬章邯：秦军将领，秦二世时官少府，受命把郦山刑徒改编为军队，统率前往镇压反秦武装，先后攻破周章、陈胜、项梁、魏咎等军，后兵败降于项羽，被封为雍王。刘邦自汉中东出争天下，章邯败走自杀。⑭爰戚：秦县名，属砀郡，故治在今山东嘉祥南。亢父：秦县名，属砀郡，故治在今山东济宁市南。⑮先登：谓首先攻上城墙。⑯五大夫：二十级军功爵中的第九级。⑰阿：即东阿，秦县名，属东郡，故治在今山东阳谷东北。当时齐将田荣正被秦军围困在东阿。⑱陈：通『阵』。⑲濮阳：秦县名，故治亦即东郡治所，在今河南濮阳西南。⑳定陶：秦县名，属东郡，故治在今山东定陶西北。㉑临济：秦亭名，故地在今河南长垣南济水北岸。㉒雍丘：或作『雝丘』，秦县名，属砀郡，故治即今河南杞县县城。㉓李由：秦丞相李斯之子，当时任三川郡守，率军配合章邯与反秦武装作战。㉔虏：通『掳』。候：军候，维持军纪的执法官。㉕项梁：下相（今江苏宿迁西南）人，项羽的叔父。㉖引：退兵。东：用作动词，东行。㉗楚怀王：战国时的楚怀王熊相在公元前299年受秦昭王的诱骗入秦约盟，被拘不得归，死在秦国。楚国人一直很怀念他。楚国灭亡，楚怀王的一个孙子名心的，流落在民间替人放羊，项梁起兵后把他找到立为楚王，仍称楚怀王，以号召楚人起来反秦复国。此楚怀王心后又称义帝，被项羽派人击杀。砀郡：秦郡名，治所在睢阳（今河南商丘市南），辖境约相当于今河南开封、通许以东，永城以北，山东曹县、嘉祥以南，以及安徽金乡、砀山、亳县等地。砀郡长：即砀郡的郡守。称郡守为『长』，是沿用战国时楚国的官称。㉘执帛：楚国的爵名。㉙建成：秦县名，属砀郡，故治在今河南永城东南。㉚戚：即爰戚，秦县名，戚公：爰戚县令。县令称『公』，是沿用战国时楚国的官称。

【译文】

高祖自立为沛公起兵反秦，一开始曹参就以中涓的身份追随他。曹参曾率领军队进击胡陵、方与，攻打秦朝泗水郡郡监的军队，把他们打得大败。又向东攻下薛县，在薛县外城的西面攻击泗水郡郡守的军队。再次攻打胡陵，拿下了这个地方。然后率军转移防守方与，而方与背叛沛公倒向魏王，曹参就攻打方与。丰邑当时也反叛投魏，曹参又率军攻打丰邑。（因为屡建军功，）沛公赐给他七大夫的爵位。以后又在砀县的东面攻打秦朝司马𡰖的军队，打败秦军，攻取了砀县、狐父和祁城的善置。还进攻下邑向西进军，到达虞县，进击秦将章邯率领的车队和骑兵。攻打爰戚和亢父，曹参身先士卒，最早登上城墙，爵位升迁为五大夫。又向北救援被秦军围困的东阿，攻打章邯的军队，冲进敌阵，追击敌军直至濮阳。转攻定陶，占领临济。南下救援雍丘，击溃了秦将李由的军队，杀死了李由，并且俘虏秦军军候一人。当时秦将章邯击溃了项梁的军队，杀死了项梁，沛公和项羽都领兵向东退却。楚怀王任命沛公为砀郡长，统率砀郡的军队。在这时沛公就封曹参为执帛，号称建成君。又迁任爰戚县县令，隶属于砀郡。

【原文】

其后从攻东郡尉①军，破之成武②南。击王离军成阳③南，复攻之杠里④，大破之。追北⑤，西至开封⑥，击赵贲⑦军，破之，围赵贲开封城中。西击秦将杨熊军于曲遇⑧，破之，虏秦司马及御史⑨各一人。迁为执珪⑩。从攻阳武⑪，下轘辕、缑氏⑫，绝河津⑬，还击赵贲军尸⑭北，破之。从南攻犨⑮，与南阳守齮战阳城⑯郭东，陷陈，取宛⑰，虏齮，尽定南阳郡。从西攻武关、峣关⑱，取之。前攻秦军蓝田⑲南，又夜击其北，秦军大破，遂至咸阳，灭秦。

【注释】

①东郡：秦郡名，治所在濮阳（今河南濮阳市西南），辖境约相当于今山东茌平、东阿、梁山、成武以西，河南南乐、濮阳、滑县、延津以东地区。尉：郡尉，负责一郡军事的官员。②成武：秦县名，属东郡，故治即今山东成武。③王离：秦名将王翦的孙子，当时爵武城侯，为章邯部将，后在巨鹿之战中被项羽俘虏。成阳：秦县名，属东郡，故治在今山东鄄城东南。④杠里：城邑名，在成阳西。⑤追北：追击败军。北：败逃。⑥开封：秦县名，属砀郡，故治在今河南开封市南。⑦赵贲：秦将。⑧杨熊：秦将，后因开封、曲遇之败被秦二世处死。曲遇：秦城邑名，故地在今河南中牟县东。⑨御史：监察官员。秦时军中有御史监军。⑩执珪：楚国官爵名，位相当于侯伯。⑪阳武：秦县名，属三川郡，故治在今河南原阳东南。⑫轘辕：山名，在河南偃师东南，与登封、巩义市接界；山道盘旋，形势险要，是兵家必守之地。缑氏：秦县名，属三川郡，故治在今偃师东南。⑬津：渡口。河津：指黄河古渡平阴津，故地在今河南孟津东北。⑭尸：即尸乡，为秦三川郡郡治雒阳东面的一个聚邑，故地在今河南偃师西。⑮犨：秦县名，属南阳郡，故治在今河南鲁山东南。⑯南阳：秦郡名，治所在宛（今河南南阳市），辖境约相当于今河南鲁山、南召及伏牛山以南，方城、泌阳、桐柏以西，湖北随州、襄樊二市及谷城以北地区。守：郡守，郡的最高行政长官。齮：秦南阳郡守的名字，据荀悦《汉纪》记载，其人姓吕。阳城：秦县名，属南阳郡，故治在今河南方城东。⑰宛：

秦县名，故治即南阳郡治，在今河南南阳市。⑱武关：故址在今陕西商南南，是关中地区东部的重要关隘。峣关：故址在今陕西蓝田东南，因临峣山得名，比武关更接近秦都咸阳。⑲蓝田：秦县名，属内史，故治在今陕西蓝田西。

【译文】

后来曹参又跟随沛公进攻秦朝东郡郡尉的军队，在成武南面战胜这支敌军。在成阳南面攻击秦将王离的军队，到了杠里再次发动攻击，大获全胜。一路追击，向西到达开封。又进击秦将赵贲的军队，打败了这支敌军，把赵贲围困在开封城中。向西又在曲遇攻击并打败了秦将杨熊的军队，俘获秦军司马和监军御史各一人。爵位迁升为执珪。后又跟随沛公攻打阳武，攻下轘辕、缑氏，封锁了平阴地方的大河渡口，回军在尸乡北面击溃了赵贲的军队。又跟随沛公向南攻打犨县，在阳城外城东面与秦朝南阳郡守齮交战，冲进敌阵，攻下宛县，俘虏了齮，全部平定了南阳郡。跟随沛公向西进攻武关、峣关，夺取了这两个关隘。继续前进，在蓝田县南面攻打秦军，又在夜间攻击秦军北侧，把他们打得大败，于是就进军到达咸阳，灭亡了秦朝。

【原文】

项羽至，以沛公为汉王①。汉王封参为建成侯。从至汉中②，迁为将军。从还定三秦③，初攻下辩、故道、雍、斄④。击章平军于好畤⑤南，破之，围好畤，取壤乡⑥。击三秦军壤东及高栎⑦，破之。复围章平，章平出好畤走。因击赵贲、内史保军⑧，破之。东取咸阳，更名曰新城。参将兵守景陵⑨二十日，三秦使章平等攻参，参出击，大破之。赐食邑于宁秦⑩。参以将军引兵围章邯于废丘⑪。以中尉从汉王出临晋关⑫。至河内⑬，下修武⑭，渡围津⑮，东击龙且、项他定陶⑯，破之。东取砀、萧、彭城⑰。击项籍⑱军，汉军大败走。参以中尉围取雍丘。王武反于外黄⑲，程处反于燕⑳，往击，尽破之。柱天侯反于衍氏㉑，又进破取衍氏。击羽婴于昆阳㉒，追至叶㉓。还攻武强㉔，因至荥阳㉕。参自汉中为将军中尉，从击诸侯及项羽，败，还至荥阳，凡二岁。

【注释】

①以沛公为汉王：项羽入关后，自立为西楚霸王，又封十八人为王，刘邦被封为汉王，封国包括汉中、巴、蜀三郡，都南郑。详见本书《项羽本纪》及《高祖本纪》。②汉中：秦郡名，治所在南郑（今陕西汉中市东）。③三秦：项羽把秦王朝首都所在的关中地区一分为三，封给秦三降将：章邯被封为雍王，领有今陕西中部咸阳以西及甘肃东部地区；司马欣被封为塞王，领有今陕西中部咸阳以东地区；董翳被封为翟王，领有今陕西北部地区；合称『三秦』。④下辩：县名，故治在今甘肃成县东北。故道：县名，故治在今陕西宝鸡市西南，当连接关中和汉中的陈仓道南口。雍：县名，故治在今陕西凤翔西南。斄：县名，故治在今陕西武功西。此四县当时都是雍王章邯的领地。⑤章平：章邯之弟，后被汉军俘虏。好畤：县名，故治在今陕西乾县东，当时是雍王章邯领地。⑥壤乡：聚邑名，故地在今陕西武功南。⑦壤：即壤乡。高栎：聚邑名，与壤乡邻近。⑧内史：官名，在秦时为京师行政长官，秦汉之际项羽所封的诸侯王国可能亦设内史以掌管王国政务。此『内史保』当是三秦某王的内史，史失其姓。⑨景陵：地名，当在关中，确切地点失考。⑩宁秦：县名，故治在今陕西华阴东，本为塞王司马欣领地。⑪废丘：县名，故治在今陕西兴平东南，当时是雍王章邯的都城。⑫中尉：官名，掌管王国都城治安。临晋关：故址在今陕西大荔东，东临黄河，河东即三晋地，故名。⑬河内：指今河南境内林县、安阳及太行山以南，鹤壁、滑县以西，新乡、武陟以北，济源、孟州市以东地区，当时是项羽所封的殷王司马卬的领地。⑭修武：县名，故治在今河南获嘉东，当时是殷王司马卬领

地。⑮围津：即白马津，当时黄河的一个渡口，故址在今河南滑县东北。⑯龙且：项羽部下大将，曾任司马，又称司马龙且，后在汉三年（公元前204年）十一月被汉将韩信、灌婴攻杀。项他：又作『项它』『项佗』，项羽的亲属，当时任魏相。后来投降刘邦，汉初被封为平皋侯，赐姓刘。⑰萧：县名，故治在今安徽萧县东南，当时属项羽。彭城：县名，故治即今江苏徐州市，当时是项羽的都城。⑱项籍：即项羽。羽是字，籍是名。⑲王武：汉将，当时为柘县（今河南柘城）县令，称『柘公』，因汉军大败而叛汉投楚。外黄：县名，故治在今河南民权西北，本为项羽领地，前已被汉军攻克。⑳程处：汉将，时因汉军大败而叛变。燕：县名，故治在今河南延津东北，本为项羽领地，前已被汉军攻克。㉑柱天侯：司马贞《索隐》作『天柱侯』，其人姓名无考，当亦汉将，因汉军大败而叛变。衍氏：聚邑名，故地在今河南郑州北。㉒羽婴：楚将。昆阳：县名，故治即今河南叶县，当时属楚。㉓叶：县名，故治在今河南叶县西南，当时属楚。㉔武强：聚邑名，故地在今河南郑州东北。㉕荥阳：县名，故治在今河南荥阳东北，时刘邦率军在此与项羽对峙。

【译文】

项羽来到关中，封沛公为汉王，汉王封曹参为建成侯。曹参跟着汉王到汉中，升任将军。又随从汉王回军平定三秦，先是进攻下辩、故道、雍县、斄县。在好畤南面进攻并战胜了章平的军队，围困好畤，攻取壤乡。在壤乡东面以及高栎进击三秦的军队，把他们击溃。又回军包围章平，章平从好畤突围出逃。曹参于是进攻赵贲和内史保的军队，打败了他们。向东攻取了咸阳，把咸阳改名为新城。曹参带领军队驻守景陵二十天，三秦方面派遣章平等攻打曹参，曹参领兵出击，大败敌军。汉王把宁秦赐给他当食邑。曹参以将军的身份带兵把章邯包围在废丘，又以中尉的身份跟随汉王出临晋关，到达河内地区，攻下修武，渡过围津，东进定陶攻击龙且、项他的军队，打败了他们。向东攻取砀县、萧县和彭城。在进击项羽军队的战斗中，汉军大败溃逃。曹参以中尉的身份率军包围并攻取了雍丘。当时王武在外黄叛变，程处在燕县叛变，曹参前往攻击，全部击溃叛军。柱天侯又在衍氏反叛，曹参又进军打败柱天侯，攻下衍氏。接着在昆阳打败羽婴，一直追击到叶县。又回军进攻武强，从而到达荥阳。曹参自从在汉中担任将军、中尉，跟随汉王出汉中攻打诸侯和项羽，到被项羽打败，回军荥阳，前后共两年时间。

【原文】

高祖二年①，拜为假②左丞相，入屯兵关中。月余，魏王豹③反，以假左丞相别与韩信东攻魏将军孙遬军东张④，大破之。因攻安邑⑤，得魏将王襄。击魏王于曲阳⑥，追至武垣⑦，生得魏王豹。取平阳⑧，得魏王母妻子，尽定魏地，凡五十二城。赐食邑平阳。因从韩信击赵相国夏说军于邬东⑨，大破之，斩夏说。韩信与故常山王张耳引兵下井陉⑩，击成安君⑪，而令参还围赵别将⑫戚将军于邬城中。戚将军出走，追斩之。乃引兵诣敖仓⑬汉王之所。韩信已破赵，为相国⑭，东击齐⑮。参以右丞相属⑯韩信，攻破齐历下⑰军，遂取临淄⑱。还定济北⑲郡，攻著、漯阴、平原、鬲、卢⑳。已而从韩信击龙且军于上假密㉑，大破之，斩龙且，虏其将军周兰。定齐，凡得七十余县。得故齐王田广相田光㉒，其守相㉓许章，及故齐胶东㉔将军田既。韩信为齐王㉕，引兵诣陈㉖，与汉王共破项羽，而参留平齐未服者。

【注释】

①高祖二年：公元前205年。②假：暂时代理。③魏王豹：战国末魏国宗室贵族宁陵君魏咎之弟。④东张：聚邑名，秦时属河东郡蒲坂县，故地在今山西永济西北。⑤安邑：县名，秦时为河东郡郡治所在，故地在今山西夏县西北。

⑥曲阳：县名，秦时属恒山郡，故治在河北曲阳西。⑦武垣：县名，秦时属巨鹿郡，故治在今河北河间西南。⑧平阳：时为魏豹的国都。⑨相国：官名，职同丞相而位望稍尊。夏说：陈余部将。陈余拥立战国时赵国宗室贵族赵歇为赵王，赵王歇又封陈余为代王。陈余留赵辅佐赵王，任命夏说为代相国守代。赵、代当时都与汉为敌。此谓夏说为赵相国，似有误。邬：县名，秦时属太原郡，当时为代国领有，故治在今山西太原东北。⑩常山：本作恒山，后避汉文帝刘恒讳改常山。秦郡名，治所在东垣（今河北石家庄市东），辖境约相当于今河北恒山及满城以南，保定、安国、栾城以西，赞皇、高邑以北，太行山以东地区。井陉：即井陉口，当时的一个军事要隘，故地在今河北井陉东北井陉山上。⑪成安君：即陈余。⑫别将：另外一支军队的将领，偏将。⑬敖仓：秦代的一个大粮仓，故址在今河南荥阳北敖山上。⑭韩信已破赵，为相国：当时刘邦封张耳为赵王，任韩信为赵相国。⑮东击齐：当时的齐王是田广，与汉为敌。⑯属：隶属。⑰历下：聚邑名，因在历山下而得名，秦属济北郡历城县，时为齐地，故地在今山东济南市西。⑱临淄：县名，齐都所在，秦时属临淄郡，故地在今山东淄博市东。⑲济北：秦汉间郡名，治所在博阳（今山东泰安市东南）。⑳著：县名，时属济北郡，故治在今山东济阳西。漯阴：县名，时属济北郡，故治在今山东禹城东。平原：县名，时属济北郡，故治在今山东平原南。鬲：县名，时属济北郡，故治在今山东德州市东南。卢：县名，时属济北郡，故治在今山东平阴东北。㉑上假密：即高密，县名，秦时属胶东郡，故治在今山东高密西。一说上假密为亭名，故地在今山东诸城东北。㉒田广：齐国旧贵族田荣之子。相：官名，国中百官之长，辅佐国君处理政务。当时各诸侯国的相或称相、或称丞相、或称相国。田光：据本书《田儋列传》及《樊郦滕灌列传》，田光是守相，败走城阳被汉将灌婴追杀。当时真正的齐相是田横。㉓守相：留守代理之相。时齐相田横领兵在外，所以别置守相。㉔胶东：

秦置胶东郡，治所在即墨（今山东平度东南），辖境约相当于今山东胶莱河以东及昌邑、潍县、安丘地。秦汉间项羽以其地封田市为胶东王，田荣击杀田市，地乃属齐。㉕韩信为齐王：韩信定齐后，自立为假齐王（暂时代理的齐王），刘邦不得已承认既成事实，正式封韩信为齐王。㉖陈：县名，秦时为陈郡郡治所在，故地即今河南淮阳。

【译文】

高祖二年（公元前205年），曹参被任命为代理左丞相，进入关中屯兵驻守。过了一个多月，魏王豹叛变，曹参以代理左丞相的身份，与韩信分别率领军队向东进军，在东张地方攻打魏王将军孙遬的军队，大败魏军。从而进攻安邑，俘虏了魏将王襄。在曲阳攻击魏王豹，追到武垣，把他活捉了。接着攻下平阳，俘获魏王的母亲和妻子儿女，全部平定了魏地，总计得到了五十二座城。汉王把平阳赐给曹参作为食邑。接着曹参又跟随韩信在邬县东面进击赵相国夏说的军队，大获全胜，杀死了夏说。韩信和原常山王张耳带兵直下井陉，进攻成安君，命令曹参回军把赵国偏将戚将军围困在邬县城中。戚将军突围出逃，曹参追上把他杀了。于是就带兵前往汉王所在的敖仓。韩信攻破赵国以后，被汉王任命为赵相国，率军东进，攻打齐国。曹参以右丞相的身份隶属韩信，击败齐国部署在历下的军队，从而夺取临淄。又回军平定济北郡，攻占著县、漯阴、平原、鬲县、卢县等地。不久，又跟随韩信在上假密大败龙且的军队，杀死了龙且，俘虏了这支军队的将军周兰。平定齐国，共得七十多个县。还活捉了原齐王田广的丞相田光、留守的代理丞相许章，以及原齐国的胶东将军田既。韩信当了齐王，带兵去陈郡与汉王会合，一起攻破项羽，而曹参就留在齐地平定那些还没有归服的地方。

【原文】

项籍已死，天下定，汉王为皇帝①，韩信徙为楚王，齐为郡。参归汉相印。高帝以长子肥②为齐王，而以参为齐相国。

以高祖六年赐爵列侯，与诸侯剖符③，世世勿绝。食邑平阳万六百三十户，号曰平阳侯，除前所食邑。

【注释】

①汉王为皇帝：时为汉五年（公元前202年）。②肥：刘邦长子刘肥，庶出，母为曹氏。高祖六年（公元前201年）被封为齐王，封地包括胶东、胶西、临淄、济北、博阳、城阳等郡的七十三县，都临淄（在今山东淄博市东）。刘肥在位十三年，于惠帝六年（公元前189年）去世，谥悼惠。详见本书《齐悼惠王世家》。③符：信符，封爵的凭证。剖符是把符一剖为二，其一授予受封的诸侯，其一留在朝廷，以示信用。

【译文】

项羽死后，天下全部平定，汉王做了皇帝。韩信被改封为楚王，齐地成了朝廷管辖的郡，曹参把丞相的印玺归还朝廷。高祖封长子刘肥为齐王，任命曹参为齐相国。曹参在高祖六年被赐给列侯的爵位，与其他列侯一起剖符受封，封爵世世代代传承不绝。曹参以平阳地方的一万六百三十户作为封邑，封号为平阳侯，而削除以前受封的食邑。

【原文】

以齐相国击陈豨将张春军，破之。黥布反，参以齐相国从悼惠王将兵车骑十二万人，与高祖会击黥布军，大破之。南至蕲①，还定竹邑、相、萧、留②。

【注释】

①蕲：县名，秦属泗水郡，汉属沛郡，故治在今安徽宿州市南，当时是黥布的领地。②竹邑：县名，故治在今安徽宿州市北。相：县名，故治在今安徽淮北市西北。萧：县名，故治在今安徽萧县西北。留：县名，故治在今江

苏沛县东南。此四县秦属泗水郡，汉属沛郡，当时都是黥布的领地。

【译文】

后来曹参以齐相国的身份进击陈豨部将张春的军队，把他们打垮。黥布反叛，曹参作为齐相国又跟随齐悼惠王刘肥率领步兵、车队、骑兵等共十二万人，与高祖会合，一起攻打黥布的军队，打得他们大败，向南一直追击到蕲县，又回军平定竹邑、相县、萧县、留县。

【原文】

参功：凡下二国，县一百二十二；得王二人，相三人，将军六人，大莫敖①、郡守、司马、候、御史各一人。

【注释】

①大莫敖：战国时楚国官名，位次于令尹（相），相当于中原各国的卿。项羽楚人，沿用楚国官称。此大莫敖姓名不详，当是项羽部属。

【译文】

曹参的功绩：总共攻下两个诸侯国，一百二十二个县；活捉王二人，相三人，将军六人，大莫敖、郡守、司马、军候、御史各一人。

【原文】

孝惠帝元年①，除诸侯相国法，更以参为齐丞相。参之相齐，齐七十城②。天下初定，悼惠王富于春秋③，参尽召长老诸生，问所以安集百姓，如④齐故诸儒以百数，言人人殊，参未知所定。闻胶西有盖公⑤，善治黄老言⑥，使人厚币⑦请之。既见盖公，盖公为言治道贵清静而民自定，推此类具言之。参于是避正堂，舍盖公焉。其治要用黄老术，故相齐九年，齐国安集，大称贤相。

【注释】

①孝惠帝元年：公元前194年。②齐七十城：刘肥的封国有七十三县，此言「七十城」，是举其约数。③富于春秋：春秋谓年岁。富于春秋指年轻，来日方长。④如：这里用为连词，相当于「而」。⑤胶西：郡名，时属齐国，治所在高密（今山东高密西南），辖境约相当于今山东半岛胶莱河以西，高密以北地区。盖：姓。⑥黄老言：指道家学说。「黄」指黄帝，为传说中上古的圣帝；「老」指老子，即老聃，春秋战国时人，《道德经》的作者。道家尊黄帝、老子为祖，其书亦多托名黄帝、老子。⑦币：本指缯帛，古代往往以缯帛作为赠送宾客的礼物，后因泛称礼品财物为币。

【译文】

孝惠帝元年废除了诸侯王国设相国的法令，改任曹参为齐丞相。曹参当齐国的相，那时齐国有七十座城。天下刚刚平定，悼惠王还年轻，曹参把齐地受人尊敬的老年有德之人和儒生全都召来，向他们请教安抚百姓的办法。而齐国原先的儒生有好几百人，所说的话各不相同，曹参不知如何决定。他听说胶西地方有个盖公，擅长研究道家黄老学说，就派人致送厚礼把他请来。同盖公相见后，盖公给他讲治理国家应该崇尚清静无为而百姓自然安定，以此类推地讲了许多道理。曹参于是就让出自己居住的正房，请盖公住进去。他治理国家主要就是采用黄老的一套办法，所以担任齐国丞相九年，齐国形势稳定，百姓安居乐业，被人们盛赞是个贤明的丞相。

【原文】

惠帝二年，萧何卒。参闻之，告舍人趣治行①，『吾将入相』。居无何②，使者果召参。参去，属③其后相曰：『以齐狱市为寄④，慎勿扰也。』后相曰：『治无大于此者乎？』参曰：『不然。夫狱市者，所以并容⑤也，今君扰之，奸人⑥安所容也？吾是以先之。』

【注释】

①舍人：王侯贵官身边门客侍从的通称。趣：催促。治行：整理行装。②居无何：过了不多久。③属：通『嘱』。

④狱市：监狱和市场。为寄：当作寄管之物。意谓维持原状，勿作变动。⑤并容：兼容并蓄，善人恶人都在其中。

⑥奸人：为非作歹的恶人。

【译文】

孝惠帝二年（公元前193年），萧何去世。曹参听到这个消息就告诉自己身边的舍人赶快整理行装，说：『我马上要去长安担任朝廷的相国了。』过了不多久，果然有使者来召曹参入朝。曹参离开齐国前嘱咐接任的齐国丞相说：『你要把齐国的监狱和市场当作寄管的物品，千万别去扰乱变动。』后任的齐国丞相问道：『治理国家难道没有比这更重要的吗？』曹参说：『不能那样想。监狱和市场，是好人坏人都能容纳的地方，你如果随意去扰乱变动，（采用严厉的手段）那叫坏人到何处安身？（无处安身，他们就会到处作乱，）所以我首先把这一点提出来。』

【原文】

参始微时①，与萧何善；及为将相，有郤②。至何且③死，所推贤唯参。参代何为汉相国，举事无所变更，一遵萧何约束④。

【注释】

①微时：身份卑微，尚未显达之时。②郤：通『隙』，嫌隙，隔阂。③且：即将。④约束：此指规约、章法。

【译文】

曹参微贱时，与萧何很要好；做了将相以后，两人有了隔阂。到萧何病重将死时，他向皇帝推荐的贤才只有曹参一人。曹参接替萧何当汉朝的相国，所做的事情与萧何生前毫无变更，完全遵循萧何制定的法规。

【原文】

择郡国吏木诎①于文辞，重厚②长者，即召除为丞相史③。吏之言文刻深④，欲务声名者，辄斥去之。日夜饮醇酒⑤。卿大夫已下吏及宾客见参不事事⑥，来者皆欲有言。至者，参辄饮以醇酒，间之⑦，欲有所言，复饮之，醉而后去，终莫得开说，以为常。

【注释】

①木诎：木讷，质朴。诎：言语钝拙。②重厚：庄重忠厚。③除：任命。丞相史：丞相属吏。④言文：花言巧语，善于言辩。刻深：用心苛刻严酷。⑤醇酒：味厚质纯的酒。⑥不事事：不任事。前一『事』用作动词。此谓不做相国应做的事。⑦间之：找个机会。

【译文】

曹参从各郡和各诸侯王国的吏员中挑选不善于辞令然而稳重忠厚有德行的人，立即把他们召来担任丞相的属吏。

吏员中那些擅于言辞、深文周纳、一心追求名声的人，就把他们斥退。曹参自己不分日夜，整天饮美酒。卿大夫以下的官吏以及宾客看到曹参不理政事，来见的人都想提出忠告。凡客人来到，曹参就让他饮美酒，客人找机会，想有所进言，曹参又让他饮酒，总是让客人喝醉了才离去，最终还是不能开口谏说，这种情况习以为常。

【原文】

相舍后园近吏舍，吏舍日饮歌呼。从吏恶[①]之，无如之何，乃请参游园中，闻吏醉歌呼，从吏幸相国召按[②]之。乃反取酒张[③]坐饮，亦歌呼与相应和[④]。

【注释】

①恶：厌恶。②幸：希望。按：讯问追究。③张：陈设，摆开。④和：以声应答，跟着唱。

【译文】

相国住宅的后园靠近吏员的住所。吏员住所中整天有人饮酒唱歌，呼叫喧闹。相国身边的办事人员很讨厌他们，但没有办法，于是就请曹参到后园去游玩，曹参听到了吏员住房中喝醉酒唱歌呼叫的声音，身边的办事人员希望相国会把那些家伙召来追究治罪。可是曹参竟然让人把酒取来摆开酒席，坐下饮酒，也唱歌呼叫，同那边互相应和。

参见人之有细过，专掩匿覆盖之，府中无事。

【原文】

参子窋为中大夫[①]。惠帝怪相国不治事，以为：『岂少朕[②]与？』乃谓窋曰：『若[③]归，试私从容问而[④]父曰：「高帝新弃群臣⑤，帝富于春秋，君为相，日饮，无所请事，何以忧天下乎？」然无言吾告若也。」窋既洗沐⑥归，闲侍，自从其所谏参。参怒，而笞⑦窋二百，曰：「趣入侍，天下事非若所当言也。」至朝时，惠帝让⑧参曰：「与窋胡治⑨乎？乃者⑩我使谏君也。」参免冠谢曰：「陛下自察圣武孰与高帝？」上曰：「朕乃安敢望先帝乎！」曰：「陛下观臣能孰与萧何贤？」上曰：「君似不及也。」参曰：「陛下言之是也。且高帝与萧何定天下，法令既明，今陛下垂拱⑪，参等守职，遵而勿失，不亦可乎？」惠帝曰：「善。君休矣！」

【注释】

①中大夫：官名，秩二千石，备皇帝顾问论议，为郎中令属官。②少：轻，轻视。朕：第一人称代词，秦以前人人可用，从秦始皇时起，只有皇帝才能自称朕。③若：你。④从容：此谓不慌不忙地闲谈。而：通「尔」，你，你的。⑤弃群臣：皇帝死去的委婉说法。⑥洗沐：沐浴。汉制，官吏五日一洗沐，洗沐之日不上官署办公。后因以「洗沐」作为官吏例假的代称。⑦笞：用鞭子或竹板抽打。⑧让：责备。⑨治：用刑惩处。「与窋胡治」是「胡与窋治」的倒装。⑩乃者：用以表示追叙前事，略等于「往昔」。⑪垂拱：垂衣拱手，不做什么事情。语出《书·武成》「垂拱而天下治」，后多用以指帝王无为而治。

【译文】

曹参发现别人有细小的过错，总是帮他们掩藏遮盖，府中相安无事。

曹参的儿子曹窋任中大夫。惠帝见相国不理政事，感到奇怪，心想：「难道相国看不起我？」于是就对曹窋说：「你回家，试着私下在闲谈时问问你的父亲：「高祖去世不久，皇上正年轻，您当相国，整天饮酒，不向皇上请示，也不处理公务，怎么为治理天下忧虑呢？」但你可别讲是我告诉你的。』曹窋休假日回家，装作无事而在曹参身边侍候，就从自己的角度出发，规劝曹参。曹参听了大怒，打了曹窋二百板子，说道：『赶快进宫侍奉皇上，天下大事不是你所应该说的。』到上朝的时候，惠帝责备曹参说：『你为什么要惩治曹窋？先前可是我让他去劝你的。』曹参脱下所戴的冠，谢罪说：『陛下自己观察，您的圣明英武同高帝相比怎么样？』惠帝说：『我怎么敢同先帝比啊！』曹参又问：『陛下看我的才能跟萧何比，谁更强一些？』惠帝说：『您好像比不上萧何。』曹参说：『陛下说得很对。再说高帝与萧何一起平定天下，制定的法令都很明白。现在陛下垂衣拱手，我等谨守职责，遵照执行而不违背偏离，不就可以了吗？』惠帝说：『对啊，您就好生休息吧。』

【原文】

参为汉相国，出入三年[①]。卒，谥懿侯。子窋代侯。百姓歌之曰：『萧何为法，顜若画一[②]；曹参代之，守而勿失。载其清净[③]，民以宁一[④]。』

【注释】

①出入三年：谓三年上下。曹参入相在惠帝三年（公元前192年），死于惠帝六年（公元前189年），疑此『三年』应作『四年』。②顜：明白。画一：整齐。③载：行。清净：指清静无为的政治。④宁一：安定而不散乱。

【译文】

曹参担任朝廷的相国，有三年左右时间。死后被谥为懿侯，由儿子曹窋继承爵位。百姓们歌唱称颂道：『萧何定法律，明白又整齐；曹参接替他，遵守不偏离。施政贵清静，百姓安宁心欢喜。』

【原文】

平阳侯窋，高后时为御史大夫①。孝文帝立，免为侯。立二十九年卒②，谥为静侯。子奇代侯，立七年卒③，谥为简侯。子时代侯④。时尚平阳公主⑤，生子襄。时病疠⑥，归国。立二十三年卒⑦，谥夷侯。子襄代侯。襄尚卫长公主⑧，生子宗。立十六年卒⑨，谥为共⑩侯。子宗代侯。征和⑪二年中，宗坐太子死⑫，国除。

【注释】

①御史大夫：官名，掌议论及监察之事，秩万石，与丞相、太尉并称三公，是朝廷最高级官员之一。②立二十九年卒：时当文帝后三年（公元前161年）。③立七年卒：时当景帝前三年（公元前154年）。④子时代侯：其人《汉书·卫青传》以为名『寿』。⑤尚：娶公主为妻。尚有尊奉之义。公主身份尊贵，不敢说『娶』，所以用『尚』字。平阳公主：汉景帝女，为武帝同母的姐姐。原封阳信公主，与平阳侯曹时结婚后，又称平阳公主。⑥疠：麻风病。⑦立二十三年卒：时当汉武帝元光四年（公元前131年）。⑧卫长公主：汉武帝长女，因是卫子夫所生，所以称卫长公主。⑨立十六年卒：时当汉武帝元鼎元年（公元前116年）。⑩共：通『恭』。⑪征和：汉武帝年号（征和二年为公元前91年）。⑫坐：因某事而获罪。太子：汉武帝长子刘据，元狩元年（公元前122年）立为太子。刘据为卫子夫所生，是曹宗的亲舅父。武帝晚年多病，怀疑是由于有人埋蛊（把代表怨家仇人的木偶埋在地下，用符咒之术使之受灾）诅咒的缘故，命亲信江充查办此事。江充与太子不和，诬称在太子宫中掘得巫蛊用的桐木人，太子惊慌愤怒，把江充杀了。武帝以为太子造反，派丞相刘屈氂领兵攻太子，长安大乱。太子外逃躲藏，后被地方官发觉，自杀。在这次变乱中丧生的有几万人。

【译文】

平阳侯曹窋，高后时任御史大夫。孝文帝即位，曹窋被解除职务，成为一般列侯。他在侯位二十九年去世，被谥为静侯。儿子曹奇继承侯位，在位七年去世，被谥为简侯。曹奇的儿子曹时继承侯位，与平阳公主结婚，生了儿子名襄。曹时患麻风病，后来就不在长安居住，回到自己的封国。他在位二十三年去世，被谥为夷侯。儿子曹襄继承侯位，与卫长公主结婚，生了儿子名宗。曹襄在位十六年去世，被谥为共侯。儿子曹宗继承侯位。征和二年（公元前91年），曹宗受卫太子事件的牵连而丧生，封国被撤除。

【原文】

太史公曰：曹相国参攻城野战之功所以能多若此者，以与淮阴侯俱。及信已灭，而列侯成功，唯独参擅其名。参为汉相国，清静极言合道。然百姓离[1]秦之酷后，参与休息[2]无为，故天下俱称其美矣。

【注释】

①离：通『罹』，遭受。②休息：休养生息。

【译文】

太史公说：曹相国参攻城野战的功劳之所以能有如此之多，是因为他同淮阴侯一起作战。等到韩信被杀以后，列侯中建立功勋的，就只有曹参独占美名了。曹参担任朝廷的相国，竭力主张清静无为，合乎道家的学说。然而在百姓遭受了秦朝的残酷统治之后，曹参能无为而治，与民休养生息，（这符合百姓的心愿）所以天下人都称颂他的美名。

留侯世家

【原文】

留侯①张良者，其先韩②人也。大父开地③，相韩昭侯、宣惠王、襄哀王④。父平，相釐王、悼惠王⑤。悼惠王二十三年⑥，平卒。卒二十岁，秦灭韩。良年少，未宦事韩⑦。韩破，良家僮三百人，弟死不葬，悉以家财求客刺秦王⑧，为韩报仇，以大父、父五世相韩故。

【注释】

①留侯：张良的封爵。张良封于留，故称留侯。留，本春秋宋邑。秦置县，治所在今江苏省沛县东南。②韩：古国名，战国七雄之一。③大父：祖父。开地：张良祖父名。④韩昭侯：名武，韩国国君，在位三十年（公元前362年至前333年）。宣惠王：昭侯的儿子，韩国国君称王从他开始，在位二十一年（公元前332年至前312年）。襄哀王：亦称襄王，名仓，宣惠王的儿子，在位十六年（公元前311年至前296年）。⑤釐王：亦作僖王，名咎，襄哀王的儿子，在位二十三年（公元前295年至前273年）。悼惠王：或作桓惠王，釐王的儿子，史佚其名，在位三十四年（公元前272年至前239年）。⑥悼惠王二十三年：即公元前250年。⑦未宦事韩：没有在韩国担任过官职。一说「宦」当为「尝」字之误。⑧客：门客，食客，此指刺客。秦王：指秦王嬴政（秦始皇）。秦王政二十六年（公元前211年）始改号称皇帝，此时秦王嬴政尚称秦王。

【译文】

留侯张良，他的祖先是韩国人。祖父张开地是韩昭侯、宣惠王、襄哀王的宰相。父亲张平是釐王、悼惠王的宰相。悼惠王二十三年，张平去世。死后二十年，秦国消灭了韩国。因为张良年轻，未尝做过韩国的官吏。韩国灭亡时，张良家有僮奴三百人，他的弟弟死后没有厚葬，而是用全部家财来寻求刺客暗杀秦王，为韩国报仇，因他祖父、父亲历任韩国五代国君之相的缘故。

【原文】

良尝学礼淮阳①。东见仓海君②。得力士，为铁椎重百二十斤。秦皇帝东游，良与客狙击秦皇帝博浪沙③中，误中副车④。秦皇帝大怒，大索天下，求贼甚急，为张良故也。良乃更名姓，亡匿下邳⑤。

【注释】

①淮阳：汉郡国名，秦时为陈县，治所在今河南省淮阳县。②仓海君：旧注有二说：一、《汉书·张良传》颜师古注云：『盖当时贤者之号。』二、《史记集解》《索隐》皆谓仓海君为秽貊国的君长。据《汉书·武帝纪》记载，元朔元年『东夷秽君南闾等二十八万人降，为苍海郡』。后说近是，盖司马迁以当时郡名称之。苍海郡在今朝鲜中部地区。③博浪沙：古地名，故址在今河南省原阳县东南。④副车：亦称属车，扈从天子的车辆。《史记索隐》引《汉官仪》云：『天子属车三十六乘。』⑤下邳：秦县名，治所在今江苏省睢宁县西北。

【译文】

张良曾在淮阳学礼仪。在淮阳的东面见到仓海君，找到一个大力士，给他做了一柄重一百二十斤的铁锤。秦皇帝向东巡游，张良与刺客在博浪沙中狙击秦皇帝时误中了随行的车辆。秦皇帝非常愤怒，命令大搜天下，紧急捉拿刺客，这全是因为张良的缘故。于是张良更名改姓，逃亡到下邳躲藏起来。

【原文】

良尝闲从容步游下邳圯[1]上，有一老父，衣褐，至良所，直[2]堕其履圯下，顾谓良曰：『孺子[3]，下取履！』良鄂[4]然，欲殴之。为其老，强忍，下取履。父曰：『履我！』良业为取履，因长跪履之。父以足受，笑而去。良殊大惊，随目之。父去里所，复还，曰：『孺子可教矣。后五日平明[5]，与我会此。』良因怪之，跪曰：『诺。』五日平明，良往。父已先在，怒曰：『与老人期，后，何也？』去，曰：『后五日早会。』五日鸡鸣，良往。父又先在，复怒曰：『后，何也？』去，曰：『后五日复早来。』五日，良夜未半往。有顷，父亦来，喜曰：『当如是。』出一编书[6]，曰：『读此则为王者师矣。后十年兴。十三年孺子见我济北[7]，谷城山[8]下黄石即我矣。』遂去，无他言，不复见。旦日视其书，乃《太公兵法》[9]也。良因异之，常习诵读之。

【注释】

①圯：桥。②直：旧注有二解：一、《史记索隐》《汉书》颜师古注谓作『正』解，犹言恰值。二、王念孙《读书杂志》谓作『特』解，犹言特意、故意。两说皆可通，王说近是。③孺子：犹今天称『年轻人』『小伙子』等，是一种不客气、不礼貌的称呼。④鄂：通『愕』，惊讶。⑤平明：与以下的『鸡鸣』『夜未半』，为秦汉时使用的时辰名称。『平明』即平旦，『鸡鸣』早于『平明』，『夜未半』早于『鸡鸣』。⑥一编书：古代的书籍多写在竹简上，用皮条或绳子编联，故以编称。『一编书』犹今言一册书。⑦济北：即济水之北，这里指谷城山一带。⑧谷城山：亦称黄山，在今山东省平阴县西南。⑨《太公兵法》：相传为姜太公吕尚所做的兵书。梁阮孝绪《七录》曾有著录，云『《太公兵法》一帙三卷』，今亡。

【译文】

张良曾在闲暇时从容信步在下邳桥上游逛，有一个老翁，穿着粗布短衣，走到张良的身边，故意把他的鞋掉到桥下，回过头来对张良说：『小伙子，下去把鞋拿上来。』张良感到惊讶，想打他一顿。因为他年老，就强忍着下去取上鞋来。老翁说：『给我穿上。』张良想既已为他取上鞋来，因此也就跪下为他穿上。老翁把脚伸出来让张良穿好，然后笑着走了。张良很吃惊，望着老人离去。老翁离开一里多路后又返了回来，说：『小伙子可以教导。五天以后平明时，和我在这里相会。』张良感到他很奇怪，跪下说：『是。』五天以后平明时，张良前往赴约。老翁已经先到了，他生气地说：『与老年人约会为什么迟到？』老翁扬长而去，并说：『五天以后早点来相会。』五天以后鸡鸣时张良前往。老翁又已经先到了，他又生气地说：『为什么又迟到？』扬长而去，并说：『五天以后再早点来。』五天以后，张良在夜未半时就前往赴约。过了一会儿，老翁也来了，高兴地说：『应当像这样。』于是拿出一本书，说：『读了这本书就可以做帝王的老师。十年以后就会有所成就。十三年以后你到济北来见我，谷城山下的黄石就是我。』说完就走了，也没有再说其他话，从此也没有再见过他。天亮后张良看老翁给的书，是《太公兵法》。张良很珍视它，并经常学习诵读它。

【原文】

居下邳，为任侠①。项伯常②杀人，从良匿。

【注释】

①任侠：互相信赖为任，同情援助为侠。古代把打抱不平、负气仗义的行为称为任侠。②项伯：秦末下相（今

江苏省宿迁市西南）人，名缠，字伯。楚贵族的后裔，项羽的叔父。在项羽军中任左尹。因在鸿门宴上救刘邦有功，西汉王朝建立后刘邦封他为射阳侯，赐刘姓。常：同尝。

【译文】

张良住在下邳，爱打抱不平。项伯曾杀过人，依从张良隐藏起来。

【原文】

后十年①，陈涉②等起兵，良亦聚少年百余人。景驹自立为楚假王③，在留。良欲往从之，道遇沛公④。沛公将数千人，略地下邳西，遂属焉。沛公拜良为厩将⑤。良数以《太公兵法》说沛公，沛公善之，常用其策。良为他人言，皆不省。良曰：『沛公殆天授。』故遂从之，不去见景驹。

【注释】

①后十年：指博浪沙狙击后的十年，即二世元年（公元前209年）。②陈涉：即陈胜（字涉），阳城（今河南省登封市东南）人。③景驹：楚国贵族的后裔，秦二世时秦嘉立他为楚王。假王：暂时代理为王。④沛公：即刘邦。刘邦在沛县起兵，被拥立为沛公。⑤厩将：军中管理马匹的官。

【译文】

十年以后，陈涉等起义，张良也聚集了一百多年轻人。景驹自立为楚假王，住在留县。张良打算去归属景驹，在路上遇见了沛公。沛公率领着几千人马，占领了下邳以西的地区，于是张良就去归属了沛公。沛公任张良为厩将。张良曾多次用《太公兵法》给沛公讲说，沛公很欣赏他，经常采纳他的计策。张良向他人讲说《太公兵法》，都不能听明白。张良说：『沛公大概是天授予的聪明。』所以就跟从了沛公，不再离去见景驹了。

【原文】

及沛公之薛①，见项梁②。项梁立楚怀王③。良乃说项梁曰：『君已立楚后，而韩诸公子横阳君成④贤，可立为王，益树党。』项梁使良求韩成，立以为韩王。以良为韩申徒⑤，与韩王将千余人西略韩地，得数城，秦辄复取之，往来为游兵颍川⑥。

【注释】

①薛：古县名，治所在今山东省藤县南。②项梁：下相（今江苏省宿迁市西南）人。楚国贵族的后裔，楚将项燕的儿子。③楚怀王：指战国时楚怀王（名槐）的孙子熊心。④横阳君成：即韩王成。韩成封于横阳，故称横阳君成。横阳，古地名，战国时属韩，在今河南省商丘市西南。⑤申徒：即司徒，官名，本为掌教化之官。王伯祥认为此处相当于楚之令尹，为执政之官。⑥颍川：战国时韩地，秦灭韩后属秦。秦王政十七年（公元前 230 年）置颍川郡，治所在今河南省禹县。

【译文】

等到沛公到了薛县时，见到了项梁。项梁拥立熊心为楚怀王。张良于是劝项梁说：『你已经立了楚国的后代，而韩国公子中的横阳君成很贤能，可以立他为王，来增加盟党。』项梁派张良寻找韩成，立韩成为韩王，任张良为韩国的申徒，与韩王率领一千多人向西攻取原来韩国的领地，夺取了好几座城邑，不久秦国又夺了回去，于是他们就在颍川一带往来打游击。

【原文】

沛公之从雒阳南出轘辕①，良引兵从沛公，下韩十余城，击破杨熊②军。沛公乃令韩王成留守阳翟③，与良俱南，攻下宛④，西入武关⑤。沛公欲以兵二万人击秦峣⑥下军，良说曰：『秦兵尚强，未可轻。臣闻其将屠者子，贾竖⑦易动以利。愿沛公且留壁，使人先行，为五万人具食，益为张旗帜诸山上，为疑兵，令郦食其⑧持重宝啖秦将。』秦将果畔⑨，欲连和俱西袭咸阳⑩，沛公欲听之。良曰：『此独其将欲叛耳，恐士卒不从。不从必危，不如因其解⑪击之。』沛公乃引兵击秦军，大破之。逐北至蓝田⑫，再战，秦兵竟败。遂至咸阳，秦王子婴降沛公。

【注释】

①雒阳：古都邑名。周时称成周，战国时改称雒阳，因在雒水之北而得名。秦置县，为三川郡治。汉改河南郡，又置雒阳县为郡治。故址在今河南省洛阳市东北。轘辕：山名，在今河南省偃师县东南。因山路周回盘旋而得名。②杨熊：秦军将领。③阳翟：古邑名。相传夏禹都此。春秋时为郑栎邑，战国时属韩，改名阳翟。秦置县，为秦颍川郡治所。故址在今河南省禹县。④宛：古县名。战国时属楚，秦灭楚后秦昭襄王置县，治所在今河南省南阳市。⑤武关：古关名，故址在今陕西省丹凤县西北。⑥峣：即峣关，因临峣山而得名。自古为关中平原通往南阳盆地的交通要隘。故址在今陕西省商县西北。⑦贾竖：古代对商人的一种蔑称。⑧郦食其：陈留高阳（今河南省杞县）人。本为里监门吏，秦末农民战争中归属刘邦，后为刘邦的谋臣。曾献计克陈留，封为广野君。楚汉战争中，游说齐王田广归汉，韩信乘机袭齐，齐王以为被他出卖，把他烹死。事详本书《郦生陆贾列传》。⑨畔：通『叛』。⑩咸阳：古都邑名。公元前350年秦孝公自栎阳迁都于此。秦始皇统一六国以后，都城规模更为扩大。故址在今陕西省咸阳

市东北。⑪解：通"懈"，懈怠。⑫蓝田：秦县名。治所在今陕西省蓝田县西。

【译文】

沛公从雒阳南面穿过轘辕山时，张良率兵跟随沛公，攻下了韩地的十几座城，打败了杨熊的部队。沛公于是命令韩王成留守阳翟，自己和张良一起南下，攻下宛城，西入武关。沛公打算用两万人马去攻击峣山下的秦军，张良劝说道："秦军还很强大，不可轻视。我听说他们的将领是屠户的儿子，买卖人容易用利益来动摇。希望沛公暂且坚壁留守，派一部分人先出发，准备好五万人的粮饷，在周围的山上多张挂旗帜，作为疑兵，然后派郦食其带着贵重的财宝去诱惑秦将。"秦军的将领果然反叛，并打算和沛公联合向西袭击咸阳，沛公想听从。张良说："这只是他们的将领想反叛罢了，恐怕士兵们不会听从。如不听从就一定会有危险，不如乘他们懈怠时去袭击他们。"于是沛公率兵袭击秦军，大败秦军。沛公一直追击败兵到了蓝田，再次交锋，秦军最终大败。于是到了咸阳，秦王子婴投降了沛公。

【原文】

沛公入秦宫，宫室帷帐狗马重宝妇女以千数，意欲留居之。樊哙①谏沛公出舍，沛公不听。良曰："夫秦为无道，故沛公得至此。夫为天下除残贼，宜缟素为资②。今始入秦，即安其乐，此所谓'助桀为虐'③。且'忠言逆耳利于行，毒药苦口利于病'④，愿沛公听樊哙言。"沛公乃还军霸上。

【注释】

①樊哙：沛县（今江苏省沛县）人。汉初将领。②缟素：缟和素都是不用文绣的白色丝织品。这里指朴素。资：凭借。③助桀为虐：桀即夏桀，夏朝末代君主，传说为古代的暴君。"助桀为虐"意谓帮助恶人做坏事。④忠言逆耳利于行，

毒药苦口利于病：这两句是古代的成语。亦见本书《淮南衡山列传》。又今本《孔子家语·六本篇》《说苑·正谏篇》皆载此语，惟「毒药」作「良药」。

【译文】

沛公进入秦宫，宫室、帷帐、狗马、贵重宝物以及美女数以千计，心里想留下来住在这里。樊哙劝沛公出去居住，沛公不听。张良说：「秦皇暴虐无道，所以沛公才能来到这里。为天下铲除残贼，应该以简朴为本。现在刚入秦宫，就想耽溺于享乐，这样做就是所谓「助桀为虐」，而且「忠言逆耳利于行，良药苦口利于病」，希望沛公能听樊哙的话。」于是沛公返回驻扎在霸上。

【原文】

项羽至鸿门①下，欲击沛公，项伯乃夜驰入沛公军，私见张良，欲与俱去。良曰：「臣为韩王送沛公，今事有急，亡去不义。」乃具以语沛公。沛公大惊，曰：「为将奈何？」良曰：「沛公诚欲倍②项羽邪？」沛公曰：「鲰生③教我距关无内诸侯，秦地可尽王，故听之。」良曰：「沛公自度④能却项羽乎？」沛公默然良久，曰：「固不能也。今为奈何？」良乃固要项伯。项伯见沛公。沛公与饮为寿，结宾婚。令项伯具言沛公不敢倍项羽，所以距⑤关者，备他盗也。及见项羽后解，语在《项羽》事中⑥。

【注释】

①鸿门：古地名，故址在今陕西省临潼区东北。现在当地人称为项王营。②倍：通「背」，背叛。③鲰生：浅薄愚陋的小人。④度：估计，推测。⑤距：通「拒」，拒守，防御。⑥《项羽》事中：即指本书《项羽本纪》中。

【译文】

项羽来到鸿门下，准备攻打沛公，于是项伯连夜进入沛公的军营，私下见了张良，打算和张良一起离开。张良说：『我为了韩王来护送沛公，现在事情紧急，我逃跑离去是不义。』于是把情况全部告诉了沛公。沛公大吃一惊，说：『怎么办呢？』张良说：『沛公真的想背叛项羽吗？』沛公说：『那小子教我把守住关口不要让诸侯们进来，秦国之地可全归我而称王。所以我听了他的话。』张良说：『沛公你自己估量一下能打败项羽吗？』沛公沉默了好久说：『当然不能，现在该怎么办呢？』张良于是硬把项伯邀请来。项伯入见沛公。沛公与项伯一起敬酒，为他祝寿，缔结婚姻。让项伯回去说明沛公不敢背叛项羽，沛公所以拒守关口的原因是为了防备其他强盗。等到沛公见项羽后来解脱危难，记载在《项羽本纪》中。

【原文】

汉元年[1]正月，沛公为汉王，王巴蜀[2]。汉王赐良金百溢[3]，珠二斗[4]，良具以献项伯。汉王亦因令良厚遗项伯，使请汉中[5]地。项王乃许之，遂得汉中地。汉王之国，良送至褒中[6]，遣良归韩。良因说汉王曰：『王何不烧绝所过栈道[7]，示天下无还心，以固项王意。』乃使良还。行，烧绝栈道。

【注释】

①汉元年：即公元前206年。②巴蜀：古郡名。巴，古巴国地，秦置巴郡，治所江州，在今重庆市嘉陵江北岸。蜀，古蜀国地，秦置蜀郡，治所成都，在今四川省成都市。③溢：通『镒』。古代重量单位，古以二十两为一溢。一说二十四两为一溢。④斗：容量单位。十升为一斗。⑤汉中：古郡名。公元前312年秦惠王置。因地处汉水上游而得名。

治所南郑，在今陕西省汉中市东。⑥褒中：古褒国地，汉置县，治所在今陕西省勉县东南。⑦栈道：古人在悬崖峭壁上凿孔架桥连阁而成的道路。

【译文】

汉元年（公元前206年）正月，沛公封为汉王，领有巴、蜀地区。汉王赏赐给张良黄金百镒，珍珠二斗，张良全部献给了项伯。汉王因此也派张良去厚赠项伯，使项伯为他请领汉中地区。项王答应了，于是汉王得到了汉中地区。汉王前往封国时，张良送到褒中，后派张良回到韩地。张良因此劝汉王说：『大王为什么不烧毁断绝了所经过的栈道，告示天下的人你没有再回来的想法，用这个办法来稳住项王的心。』于是派张良回去。他一边走，一边烧绝了栈道。

【原文】

良至韩，韩王成以良从汉王故，项王不遣成之国，从与俱东。良说项王曰：『汉王烧绝栈道，无还心矣。』乃以齐王田荣[1]反，书告项王。项王以此无西忧汉心，而发兵北击齐。

【注释】

①齐王田荣：齐国贵族的后裔。田广的父亲。

【译文】

张良回到了韩地，韩王成因为张良跟从汉王的缘故，项王不派韩王成到封国，让他跟从自己一起东去。张良劝项王说：『汉王烧绝了栈道，已无返回之心了。』于是把齐王田荣反叛的事上书告诉了项王。项王因此消除了西面对汉王的忧心，而向北发兵去攻打齐王。

【原文】

项王竟不肯遣韩王，乃以为侯，又杀之彭城①。良亡，间行归汉王，汉王亦已还定三秦②矣。复以良为成信侯③，从东击楚。至彭城，汉败而还。至下邑④，汉王下马踞⑤鞍而问曰：『吾欲捐关以东等弃之，谁可与共功者？』良进曰：『九江王黥布⑥，楚枭将，与项王有郄⑦；彭越与齐王田荣反梁地⑧：此两人可急使。而汉王之将独韩信可属大事，当一面。即欲捐之，捐之此三人，则楚可破也。』汉王乃遣随何说九江王布，而使人连彭越。及魏王豹反，使韩信将兵击之，因举燕、代、齐、赵⑨。然卒破楚者，此三人力也。

【注释】

①彭城：春秋时宋邑，秦置县。治所在今江苏省徐州市。项羽建都于此。②三秦：秦朝灭亡之后，项羽三分秦关中故地，封秦降将章邯为雍王，司马欣为塞王，董翳为翟王，合称三秦。③成信侯：张良的封号。王伯祥说：『嘉其去楚归汉，能守信义。』④下邑：秦县名。治所在今安徽省砀山县。⑤踞：踞坐，坐时两脚底和臀部着地，两膝上耸。或谓依靠。⑥九江王黥布：即英布。⑦郄：通『隙』。间隙。这里指裂痕、矛盾。⑧梁地：指战国时魏国管辖的地区，因魏国的国都在大梁（今河南省开封市），所以称为梁地。大概相当于今天河南省的东南部。⑨燕、代、齐、赵：指项羽分封的臧荼、陈余、田荣、赵歇四个诸侯国。

【译文】

项王到底不肯派韩王去封国，于是封他为侯，后又在彭城杀死他。张良逃跑了，从小路偷偷归依汉王，这时汉王也已经返回关中平定了三秦。又封张良为成信侯，让他跟从自己向东去攻打楚军。到了彭城，汉军战败而还。到了下邑，汉王下马蹲踞着坐在马鞍上问：『我打算把函谷关以东地区捐送给别人，不知谁可以和我共建功业？』张良进言说：『九江王黥布是楚军的猛将，他和项王有隔阂，彭越和齐王田荣在梁地反叛，这两个人马上就可以使用。而汉王的将领只有韩信可以委任大事，独当一面。如果打算捐弃关东之地，就送给这三个人，楚军就可以打败了。』于是汉王便派随何去劝说九江王黥布，又派人去联合彭越。到了魏王豹反叛时，汉王派韩信率兵去讨伐他，顺势攻下了燕、代、齐、赵。而最后击败楚军的，正是靠了这三个人的力量。

【原文】

张良多病，未尝特将①也，常为画策臣，时时从汉王。

【注释】

①特将：单独领兵。

【译文】

张良体弱多病，不曾单独领兵，经常作为谋臣，时时跟从在汉王身边。

【原文】

汉三年①，项羽急围汉王荥阳②，汉王恐忧，与郦食其谋桡楚权。食其曰：『昔汤伐桀③，封其后于杞④。武王伐纣⑤，封其后于宋⑥。今秦失德弃义，侵伐诸侯社稷⑦，灭六国⑧之后，使无立锥之地。陛下⑨诚能复立六国后世，毕已受印，此其君臣百姓必皆戴陛下之德，莫不乡⑩风慕义，愿为臣妾。德义已行，陛下南乡⑪称霸，楚必敛衽⑫而朝。』汉王曰：『善。趣刻印，先生因行佩之矣。』

【注释】

①汉三年：指汉高祖三年，即公元前204年。②荥阳：古县名。治所在今河南省荥阳市东北。③桀：名履癸，夏朝末代君主。后被商汤所败，出奔南方而死。④杞：古国名。公元前十一世纪时周分封的诸侯国。姒姓。⑤纣：一作受，亦称帝辛。商代最后的君主。⑥宋：古国名。子姓，始封君为商王纣的庶兄微子启。⑦社稷：土地神和谷神，此为国家的代称。⑧六国：指战国时的齐、楚、燕、韩、赵、魏六国。⑨陛下：对帝王的尊称。⑩乡：同『向』。⑪南乡：即南向，面朝南。古代帝王南向临朝，故称帝位为南向。⑫敛衽：整理衣襟，表示尊敬。

【译文】

汉高祖三年，项羽在荥阳紧急包围了汉王，汉王又害怕又发愁，于是和郦食其商量如何削弱楚军的策略。郦食其说：『从前商汤伐夏桀，分封他的后代于杞。武王伐纣，分封他的后代于宋。现在秦朝失德弃义，侵略诸侯国家，消灭六国的后嗣，使他们无立锥之地。陛下真能重新封立六国的后代，全部授予他们印玺，这样他们的君臣百姓一定都会对陛下感恩戴德，无不仰慕陛下的德义，希望做陛下的臣妾。德义推行之后，陛下就可以南向称霸，楚王一定会整理衣冠前来朝见陛下。』汉王说：『很好。赶快刻制印玺，趁先生此行就给他们带去。』

【原文】

食其未行，张良从外来谒。汉王方食，曰：『子房[1]前！客有为我计桡楚权者。』具以郦生语告，曰：『于子房何如？』良曰：『谁为陛下出此计者？陛下事去矣。』汉王曰：『何哉？』张良对曰：『臣请借前箸为大王筹之。』曰：『昔者汤攻桀而封其后于杞者，度能制桀之死命也。今陛下能制项籍之死命乎？』曰：『未能也。』『其不可一也。』

武王伐纣封其后于宋者，度能得纣之头也。今陛下能得项籍之头乎？」曰：「未能也。」「其不可二也。武王入殷②，表商容③之间，释箕子④之拘，封比干⑤之墓。今陛下能封圣人之墓，表贤者之间，式⑥智者之门乎？」曰：「未能也。」「其不可三也。发巨桥⑦之粟，散鹿台⑧之钱，以赐贫穷。今陛下能散府库⑨以赐贫穷乎？」曰：「未能也。」「其不可四矣。殷事已毕，偃革为轩⑩，倒置干戈，覆以虎皮，以示天下不复用兵。今陛下能偃武行文，不复用兵乎？」曰：「未能也。」「其不可五矣。休马华山之阳⑪，示以无所为。今陛下能休马无所用乎？」曰：「未能也。」「其不可六矣。放牛桃林之阴⑫，以示不复输积。今陛下能放牛不复输积乎？」曰：「未能也。」「其不可七矣。且天下游士离其亲戚，弃坟墓，去故旧，从陛下游者，徒欲日夜望咫尺之地⑬。今复六国，立韩、魏、燕、赵、齐、楚之后，天下游士各归其主，从其亲戚，反其故旧坟墓，陛下与谁取天下乎？其不可八矣。且夫楚唯无强，六国立者复桡而从之，陛下焉得而臣之？诚用客之谋，陛下事去矣。」汉王辍食吐哺，骂曰：「竖儒⑭，几败而公事！」令趣销印。

【注释】

①子房：张良的字。②殷：即商朝。③商容：相传为纣时贤人。纣暴虐，他曾欲感化纣而没能实现，于是离开了纣而隐居于太行山中。④箕子：纣王的同宗伯叔，曾封于箕，故称箕子。纣暴虐，他曾谏纣王，纣王不听，于是他装狂为奴，纣将他囚禁，周武王灭商后才释放他回了镐京。王念孙《读书杂志》及王先谦《汉书补注》都认为此句当作「式箕子之门」始与下文「式智者之门」句相应。疑近是。《汉书·张良传》此句正作「式箕子之门」。⑤比干：纣王的叔伯父（一说为纣的庶兄）。传说纣淫乱，比干犯颜强谏，纣怒，比干被剖腹挖心而死。周武王灭商后为他重新修建坟墓。⑥式：同「轼」。车前横木。古人乘车路过长者或贤者门前时俯身按车前横木，表示尊敬。⑦巨桥：

王伯祥云『纣积粟之仓』，故址在今河北省曲周县东北。『发巨桥之粟』事见本书《周本纪》。⑧鹿台：王伯祥云：『亦称南单台，为纣储财之所。』故址在今河南省淇县。⑨府库：储存财物和兵甲的仓库。⑩偃革为轩：废弃了战车改为有帷帘的载人车。表示今后不再打仗。⑪华山：五岳之中的西岳，在今陕西省华阴市。阳：山的南面称阳。

⑫桃林：古地区名，亦称桃林塞，范围大致相当于今河南省灵宝市以西、陕西省潼关以东地区。阴：山的北面称阴。

⑬咫：古代长度单位，八寸为咫。咫尺：表示很近的意思。⑭竖儒：骂儒生的话。意思是没有见识的人。

【译文】

郦食其还没有出发，张良从外地回来拜见汉王。汉王正在吃饭，说：『子房到我跟前来！食客中有为我谋划削弱楚军计策的人。』于是把郦食其的话全部告诉了张良，说：『在你看来怎么样？』张良说：『谁给陛下谋划这个计策？（如果您这样做，）陛下的事就全完了。』汉王说：『为什么呢？』张良回答说：『请让我借用面前的筷子为大王筹算一下。』接着说：『从前商汤讨伐夏桀而在杞分封他的后代，是估计到能置桀于死地。现在陛下能置项籍于死地吗？』汉王说：『不能。』张良说：『这是第一个不能做到的。武王伐纣而在宋分封他的后代，是估计到能够得到纣王的头。现在陛下能够得到项籍的头吗？』汉王说：『不能。』张良说：『这是第二个不能做到的。武王入商之后，表彰商容的门里，释放了禁拘的箕子，修建比干的坟墓。现在陛下能修建圣人的坟墓，表彰贤者的门里，尊重智者的门第吗？』汉王说：『不能。』张良说：『这是第三个不能做到的。武王曾发放巨桥的粮食，散发鹿台府的钱财，用来赐给贫穷的人。现在陛下能散发府库里的钱粮来赐给贫穷的人吗？』汉王说：『不能。』张良说：『这是第四个不能做到的。武王灭商以后，把战车改为载人的车，倒置干戈，用虎皮蒙盖起来，以此告示天下不再用兵。

现在陛下能废武行文，不再用兵吗？』汉王说：『不能。』张良说：『这是第五个不能做到的。武王曾把战马放在华山之南去牧养，表示不再打仗。现在陛下能让战马休息不再使用吗？』汉王说：『不能。』张良说：『这是第六个不能做到的。武王曾把牛放在桃林的北面去牧养，表示不再运输粮草。现在陛下能让牛去放牧而不再运输粮草吗？』汉王说：『不能。』张良说：『这是第七个不能做到的。况且现在天下的游士离开他们的亲戚，远弃祖墓，告别故旧，跟从陛下走南闯北，只是日夜盼望得到一块封地。如今恢复六国，封立韩、魏、燕、赵、齐、楚的后代，天下的游士都各自回去侍奉他们的君主，和他们的亲戚团聚，返回他们的故里祖坟，陛下和谁一起去夺取天下呢？这是第八个不能做到的。况且楚国当今强大无比，重新封立的六国后代就会再被削弱而屈从楚国，陛下怎么能够得到他们并使他们臣服呢？如真的采用了食客的计谋，陛下的事就全完了。』汉王停止了吃饭，并把嘴里的饭吐了出来，骂道：『这个书呆子，差点儿败坏了老子的大事！』命令立即销毁印玺。

【原文】

汉四年①，韩信破齐而欲自立为齐王，汉王怒。张良说汉王，汉王使良授齐王信印，语在《淮阴》事中②。

【注释】

①汉四年：指汉高祖四年，即公元前203年。②《淮阴》事中：指在本书《淮阴侯列传》中。

【译文】

汉高祖四年，韩信打败齐国以后想自立为齐王，汉王非常生气。张良劝说汉王，汉王才派张良前去授予齐王韩信王印。这件事记载在《淮阴侯列传》中。

【原文】

其秋，汉王追楚至阳夏[①]南，战不利而壁固陵[②]，诸侯[③]期不至。良说汉王，汉王用其计，诸侯皆至。语在《项籍》事中[④]。

【注释】

①阳夏：秦县名。治所在今河南省太康县。②固陵：古聚名。故址在今河南省太康县南。③诸侯：指韩信、彭越。④《项籍》事中：指在本书《项羽本纪》中。

【译文】

这年秋天，汉王追击楚军到了阳夏的南面，因战斗失利而坚守固陵，诸侯们到了约定的时间还没到。张良劝说汉王，汉王采用了他的计谋，诸侯们才都来到。这件事记载在《项羽本纪》中。

【原文】

汉六年[①]正月，封功臣。良未尝有战斗功，高帝曰：『运筹策帷帐中，决胜千里外，子房功也。自择齐三万户。』良曰：『始臣起下邳，与上会留，此天以臣授陛下。陛下用臣计，幸而时中，臣愿封留足矣，不敢当三万户。』乃封张良为留侯，与萧何[②]等俱封。

【注释】

①汉六年：汉高祖六年，即公元前 201 年。

【译文】

汉高祖六年（公元前201年）正月，封赏有功之臣，张良未曾立过战功，高帝说：『运筹谋划于帷帐之中，决战取胜在千里之外，是子房的功劳。你自己在齐地选择三万户作为封地。』张良说：『当初我在下邳起兵，与陛下在留县会合，这是上天把我授给了陛下。陛下采用我的计策，幸而时常料中，我希望封在留就满足了，不敢接受三万户的封地。』于是封张良为留侯，和萧何等人一同分封。

【原文】

上已封大功臣二十余人，其余日夜争功不决，未得行封。上在雒阳南宫，从复道①望见诸将往往相与坐沙中语。上曰：『此何语？』留侯曰：『陛下不知乎？此谋反耳。』上曰：『天下属②安定，何故反乎？』留侯曰：『陛下起布衣，以此属③取天下，今陛下为天子，而所封皆萧、曹④故人所亲爱，而所诛者皆生平所仇怨。今军吏计功，以天下不足遍封，此属畏陛下不能尽封，恐又见疑平生过失及诛，故即相聚谋反耳。』上乃忧曰：『为之奈何？』留侯曰：『上平生所憎，群臣所共知，谁最甚者？』上曰：『雍齿⑤与我故，数尝窘辱我。我欲杀之，为其功多，故不忍。』留侯曰：『今急先封雍齿以示群臣，群臣见雍齿封，则人人自坚矣。』于是上乃置酒，封雍齿为什方⑥侯，而急趣丞相、御史定功行封。群臣罢酒，皆喜曰：『雍齿尚为侯，我属无患矣。』

【注释】

①复道：宫中阁道。②属：适才，刚刚。③此属：此辈。④萧、曹：萧指萧何，曹指曹参。⑤雍齿：沛县（今江苏省沛县）人。秦末随刘邦起义。公元前208年刘邦命他守丰邑。魏人周市攻丰邑，他投降了魏国，而且为魏守

丰以抗拒刘邦。后刘邦从项羽借兵攻破丰邑，他逃跑到魏国。后又复归刘邦。事见本书《高祖本纪》。⑥什方：或作汁邡、汁方、什邡等，汉县名，治所在今四川省什邡市。高祖封雍齿于此，故称雍齿为什方侯。

【译文】

汉高祖已封赏了有大功的臣子二十多人，其余的因日夜争功不决，未能进行封赏。高祖在雒阳南宫里，从复道上望见将领们纷纷互相坐在沙地上谈说。高祖问道：『这些人在说什么？』留侯说：『陛下不知道吗？这些人在密谋反叛哩。』高祖说：『天下刚刚安定下来，为什么要反叛呢？』留侯说：『陛下出身于平民，用这些人夺取了天下，现在陛下做了天子，而所封赏的都是萧何、曹参这些陛下的故旧亲朋，而所诛杀的都是陛下平时所怨恨有仇的。现在军吏在计算战功，因天下的土地不够全部封赏，这帮人怕陛下不能都封赏，又害怕平时的过失被陛下怀疑而受到诛杀，所以就相聚在一起密谋反叛。』高祖忧愁地说：『怎么办呢？』留侯说：『陛下平时所憎恨的，而且是大家所共知的，谁最厉害呢？』高祖说：『雍齿和我有旧仇，他曾多次使我受困受辱。我想杀掉他，因为他的功多，所以又不忍心。』留侯说：『现在赶快先封雍齿来让群臣看，群臣看到雍齿受到封赏，那么人人都会心情稳定。』于是高祖设酒宴，封雍齿为什方侯，并赶紧催促丞相、御史定功行封。群臣吃完酒宴后，都高兴地说：『雍齿尚且能封为侯，我们就没有什么可担心的了。』

【原文】

刘敬①说高帝曰：『都关中②。』上疑之。左右大臣皆山东③人，多劝上都雒阳：『雒阳东有成皋④，西有殽黾⑤，倍河⑥，向伊雒⑦，其固亦足恃。』留侯曰：『雒阳虽有此固，其中小，不过数百里，田地薄，四面受敌，此非用武之国也。夫关中殽函⑧，右陇蜀⑨，沃野千里，南有巴蜀之饶，北有胡苑之利⑩，阻三面而守，独以一面东制诸侯。诸侯安定，河渭漕挽⑪天下，西给京师；诸侯有变，顺流而下，足以委输。此所谓金城千里，天府之国也，刘敬说是也。』于是高帝即日驾，西都关中。

【注释】

①刘敬：本姓娄，汉初齐人。高祖五年（公元前202年）以戍卒求见刘邦，建议入都关中有功，赐姓刘。拜郎中，号奉春君。后刘邦在白登被匈奴打败后，他主张与匈奴和亲，被刘邦采纳，并派他出使匈奴缔结和约。后又建议刘邦徙山东诸侯后代及豪强充实关中，以削弱关东旧贵族豪强势力。事详《史记》《汉书》本传。②关中：古地区名。旧注所指范围不一。一般指函谷关以西，散关以东。秦统一六国以前长期占据关中一带，因此亦称故秦地为关中。③山东：战国时泛指秦以外的六国领土。④成皋：汉县名，治所在今河南省荥阳市汜水镇。⑤殽：即崤山，在今河南省西部。黾：即渑池水，发源于河南省熊耳山，向东流入洛水。⑥倍：同『背』。河：指黄河。⑦伊：指伊水。在今河南省西部。发源于栾川县外方山北麓。流向东北，在偃师县入洛河。雒：洛水，指今河南省境内的洛河。⑧函：指函谷关。在今河南省灵宝市东北。⑨陇：指陇山，在今陕西省陇县西北。蜀：当指今四川省和甘肃省内的岷山。⑩胡苑之利：当时上郡、北地郡和匈奴相连接，可以牧养牲畜，得到马匹，所以称之为『胡苑之利』。⑪河：指黄河。渭：指渭水。漕挽：漕运，指从水上运输物资。

【译文】

刘敬劝高帝说：『建都关中。』高帝对此事犹豫不决。左右大臣都是山东六国人，多数人劝高帝建都洛阳，说：

『雒阳东面有成皋，西面有崤山、黾池，背靠黄河，面向伊水、雒水，它的地势很坚固足以凭借。』留侯说：『雒阳虽然有此险固，但它地区狭小，不过数百里，土地也硗薄，若四面受敌，这里不是用武之地。至于关中，左有崤山、函谷关，右有陇蜀大山，沃野千里，南面有巴蜀一带的富饶资源，北有畜牧之利，凭借三面的险阻来防守，只用东边一面来控制诸侯。诸侯安定的话，黄河、渭水可以运输天下的物资，向西供给京师，若诸侯有变，出兵可顺流而下，足以靠它运输军需。这正是所谓金城千里，天府之国啊。刘敬所说是正确的。』于是高帝当天就准备车马起驾，西行定都关中。

【原文】

留侯从入关。留侯性多病，即道引不食谷①，杜门不出岁余。

【注释】

①道引：即导引。道家养生之术。不食谷：不吃谷物熟食。亦称辟谷。

【译文】

留侯跟从高帝进入关中。留侯身体多病，于是就练导引健身术，不食谷物，闭门不出一年多。

【原文】

上欲废太子①，立戚夫人子赵王如意②。大臣多谏争③，未能得坚决者也。吕后④恐，不知所为。人或谓吕后曰：『留侯善画计策，上信用之。』吕后乃使建成侯吕泽⑤劫留侯，曰：『君常为上谋臣，今上欲易太子，君安得高枕而卧乎？』留侯曰：『始上数在困急之中，幸用臣策。今天下安定，以爱欲易太子，骨肉之间，虽臣等百余人何益。』吕泽强要曰：

“为我画计。”留侯曰：“此难以口舌争也。顾上有不能致者，天下有四人⑥。四人者年老矣，皆以为上慢侮人，故逃匿山中，义不为汉臣。然上高此四人。今公诚能无爱金玉璧帛，令太子为书，卑辞安车，因使辩士固请，宜来。来，以为客，时时从入朝，令上见之，则必异而问之。问之，上知此四人贤，则一助也。”于是吕后令吕泽使人奉太子书，卑辞厚礼，迎此四人。四人至，客建成侯所。

【注释】

①太子：指刘盈，吕后所生，即后来的孝惠帝。②戚夫人：定陶人，刘邦的宠姬。赵王如意：戚夫人所生。高祖九年（公元前198年）封于赵。刘邦死后，吕后设计骗如意入都，将他毒死。事见《吕后本纪》。③争：通“诤”，谏止。④吕后：刘邦的妻子，名雉，字娥姁。⑤建成侯吕泽：据《史记·高祖功臣侯年表》记载，建成侯是吕释之，吕泽被封为周吕侯，前人曾多次指出此处误以“释之”为“泽”。吕释之、吕泽都是吕后之兄，同在高祖六年（公元前201年）受封。下文提到的吕泽都当为吕释之。⑥天下有四人：即指下文提到的东园公、角里先生、绮里季、夏黄公。此四人是汉初的隐士，曾隐居于商山（今陕西省商县东南），时称“商山四皓”。

【译文】

高帝打算废掉太子，立戚夫人的儿子赵王如意，大臣们很多人进谏劝阻，但未能得到最后的决定。吕后恐慌，不知该怎么办。有人对吕后说：“留侯善于出谋划策，皇上信任重用他。”于是吕后就派建成侯吕泽去强求留侯，说：“你曾是皇上的谋臣，现在皇上打算更换太子，你怎么能够高枕而卧呢？”留侯说：“当初皇上曾多次处于困难危急之中，侥幸采用了我的计策。现在天下安定了，由于偏爱的缘故而想更换太子，这是骨肉之间的事情，纵然臣下一百多人但又有什么用呢？』吕泽强求说：『一定要为我出谋划策。』留侯说：『此事难以用口舌相争。天下有四个人，连皇上也不能招致。这四人年纪老了，都因为皇上轻视侮辱人，所以逃避藏匿在山中，坚守节操不做汉朝臣子。然而皇上很尊重这四人。现在你真能不吝惜金玉璧帛，让太子写一封信，言辞卑躬，用安适的车子，派遣辩士去坚决邀请，应当会来。来了之后，以为宾客，时常跟从你上朝，让皇上看见他们，皇上一定会感到惊异而询问他们。问了他们，皇上知道这四个人贤能，对太子是一大帮助。』于是吕后让吕泽派人送去太子的信，用谦卑的言辞，丰厚的礼物，迎接这四个人。四个人到了，客居建成侯家。

【原文】

汉十一年①，黥布反②，上病，欲使太子将，往击之。四人相谓曰：『凡来者，将以存太子。太子将兵，事危矣。』乃说建成侯曰：『太子将兵，有功则位不益太子；无功还，则从此受祸矣。且太子所与俱诸将，皆尝与上定天下枭将也，今使太子将之，此无异使羊将狼也，皆不肯为尽力，其无功必矣。臣闻「母爱者子抱」，今戚夫人日夜侍御，赵王如意常抱居前，上曰「终不使不肖③子居爱子之上」，明乎其代太子位必矣。君何不急请吕后承间为上泣言：「黥布，天下猛将也，善用兵，今诸将皆陛下故等夷④，乃令太子将此属，无异使羊将狼，莫肯为用，且使布闻之，则鼓行而西耳。上虽病，强载辎车⑤，卧而护之，诸将不敢不尽力。上虽苦，为妻子自强。」』于是吕泽立夜见吕后，吕后承间为上泣涕而言，如四人意。上曰：『吾惟竖子固不足遣，而公自行耳。』于是上自将兵而东，群臣居守，皆送至灞上。留侯病，自强起，至曲邮⑥，见上曰：『臣宜从，病甚。楚人剽疾，愿上无与楚人争锋。』因说上曰：『令太子为将军，监关中兵。』上曰：『子房虽病，强卧而傅太子。』是时叔孙通为太傅⑦，留侯行少傅⑧事。

【注释】

①汉十一年：汉高祖十一年，即公元前196年。②黥布反：黥布时为淮南王，都寿春（今安徽省寿县）。刘邦杀死韩信、彭越以后，黥布恐慌，故畏祸而反。事详本书《黥布列传》。③不肖：秦汉之前，专指不如其父，后泛指子弟不贤。④等夷：同等地位，同辈。⑤辎车：古代的一种有帷帐的车。⑥曲邮：古聚名，故址在今陕西省临潼区东。⑦叔孙通：薛县（今山东省藤县东南）人。曾为秦博士，秦末先为项羽部属，后归刘邦，任博士，称稷嗣君。汉初，与儒生共立朝仪，后任太子太傅。事详《史记》《汉书》本传。太傅：官名，即太子太傅，是辅佐太子的官。叔孙通为太傅在高祖九年（公元前198年）。⑧少傅：位次于太傅的官。

【译文】

汉高祖十一年，黥布反叛，皇帝生了病，打算派太子领兵前往攻击叛军。四个老人互相商量说：『我们来这里是为了保全太子。太子率兵，事情就危险了。』于是就劝建成侯说：『太子率兵打仗，有了功劳地位也不会再提高，若无功返回，那么从此就会受到祸害。况且和太子一起出征的众将领，都是曾经和皇帝一起平定天下的猛将，现在派太子去统率他们，这无异于让羊去统率狼，他们都不肯为太子效力，太子不能立功是必定的了。我听说「母亲受宠爱，儿子常被抱」，现在戚夫人日夜侍候皇帝，赵王如意常常被抱在胸前，皇帝曾说「终究不能让不肖之子居于爱子之上」，这就很明白，赵王如意取代太子地位是必定的了。你为什么不赶快请吕后乘机向皇帝哭诉说：「黥布是天下的猛将，而且善于用兵，现在众将都是陛下过去的同辈人，让太子去统率这帮人，无异于让羊去统率狼，没有人肯被太子所用，而且让黥布知道此事，就会击鼓向西进军。皇帝虽然生病，但只要勉强乘坐辎车，躺着统领军队，诸位将领就不敢不效力。皇帝虽然辛苦，但为了妻子儿女也要努力坚持。」』于是吕泽当夜去见吕后，吕后乘机在皇帝面前按照四人的意思哭诉了一番。皇帝说：『我想这小子本来就不足派遣，老子自己去吧。』于是皇帝亲自率兵向东进发，留守的大臣们都送到灞上。留侯有病，也勉强起来，到了曲邮，拜见皇帝说：『我应当随从您去，但病很重。楚人勇猛敏捷，希望皇帝不要和楚人硬拼。』乘机劝皇帝说：『让太子为将军，监领关中的军队。』皇帝说：『子房虽然有病，也要勉力躺着辅佐太子。』这时叔孙通为太傅，留侯兼任少傅的事务。

【原文】

汉十二年[1]，上从击破布军归，疾益甚，愈欲易太子。留侯谏，不听，因疾不视事。叔孙太傅称说引古今，以死争太子。上详[2]许之，犹欲易之。及燕[3]，置酒，太子侍。四人从太子，年皆八十有余，须眉皓白，衣冠甚伟。上怪之，问曰：『彼何为者？』四人前对，各言名姓，曰东园公，角里先生，绮里季，夏黄公。上乃大惊，曰：『吾求公数岁，公辟[4]逃我，今公何自从吾儿游乎？』四人皆曰：『陛下轻士善骂，臣等义不受辱，故恐而亡匿。窃闻太子为人仁孝，恭敬爱士，天下莫不延颈欲为太子死者，故臣等来耳。』上曰：『烦公幸卒调护太子。』

【注释】

①汉十二年：汉高祖十二年，即公元前195年。②详：通『佯』，假装。③燕：通『宴』，安闲，休息。④辟：通『避』。

【译文】

汉高祖十二年，皇帝从击败黥布的军队那里回来，病情益发严重，更加想改立太子。留侯进谏，没有被采用，因此就称病不再管事。太傅叔孙通引用古今事例称说，拼死为保全太子力争。皇帝假装答应了他，但还是打算改立太子。到皇上设置酒宴时，太子在旁侍奉。有四个人随从太子，年龄都有八十多岁，胡子眉毛雪白，衣冠非常奇特。皇帝很奇怪，问道：『他们是干什么的？』四个人上前回话，各自报告姓名，分别叫东园公、角里先生、绮里季、夏黄公。皇帝于是大为吃惊，说：『我寻了你们多年，你们躲避我，今天你们为什么和我儿子交往呢？』四人都说：『陛下轻待士人善于骂人，我们守义不愿受辱，所以害怕而逃亡躲藏起来。听说太子为人仁慈孝顺，恭敬爱士，天下没有人不伸长脖子想为太子而死，所以我们来了。』皇帝说：『麻烦诸位善始善终，好好地照应太子吧。』

【原文】

四人为寿已毕，趋去。上目送之，召戚夫人指示四人者曰：『我欲易之，彼四人辅之，羽翼[1]已成，难动矣。吕后真而主矣。』戚夫人泣，上曰：『为我楚舞，吾为若楚歌。』歌曰：『鸿鹄高飞，一举千里。羽翮[2]已就，横绝四海。横绝四海，当可奈何！虽有矰缴[3]，尚安所施！』歌数阕[4]，戚夫人嘘唏流涕，上起去，罢酒。竟不易太子者，留侯本招此四人之力也。

【注释】

①羽翼：比喻左右辅佐的人。君之有臣，如鸟之有羽翼。②羽翮：羽翼。③矰：射鸟的短箭。缴：系箭的绳子。『矰缴』，指射具。④阕：古代一首乐曲为一阕。

【译文】

四个人向皇帝祝寿完毕，小步急走离去。皇帝目送他们，招来戚夫人指着四个人给她看，说：『我想改立太子，那四个人却辅佐他，羽翼已成，难以变动了。吕后真的要做你的主人了。』戚夫人痛心落泪，皇帝说：『你为我跳楚舞，我为你唱楚歌。』于是他唱道：『鸿鹄高高飞，一举腾千里。羽翼已丰满，横越绝四海。横越绝四海，还有何法想？虽然有弓矢，还往哪里用？』唱了几遍以后，戚夫人痛哭流涕，皇帝起身离去，结束酒宴。最终没有改立太子，原本靠了留侯招来这四个人出山的力量。

【原文】

留侯从上击代①，出奇计马邑②下，及立萧何相国，所与上从容言天下事甚众，非天下所以存亡，故不著。留侯乃称曰：『家世相韩，及韩灭，不爱万金之资，为韩报仇强秦，天下振动。今以三寸舌为帝者师，封万户，位列侯，此布衣之极，于良足矣。愿弃人间事，欲从赤松子③游耳。』乃学辟谷，道引轻身。会高帝崩④，吕后德留侯，乃强食之，曰：『人生一世间，如白驹过隙⑤，何至自苦如此乎！』留侯不得已，强听而食。

【注释】

①代：汉初诸侯国名，治所在今河北省蔚县东北。击代：在高祖十年（公元前197年）秋。当时代相陈豨反叛，自立为代王，刘邦亲自率兵前往平叛。事见本书《高祖本纪》《韩信卢绾列传》。②马邑：古县名。治所在今山西省朔县。③赤松子：传说中的仙人。或谓神农氏时的雨师。④高帝崩：高帝崩在公元前195年。古代天子死曰崩。

⑤白驹过隙：古代成语。形容时间过得很快。

【译文】

留侯跟从皇帝去攻打代国，出奇计攻下马邑，以及立萧何为相国，留侯和皇帝从容地谈了很多天下大事，因为和天下存亡无关，所以没有记载。留侯常称说：『我家世代相韩，到韩国灭亡之后，不惜万金家产，为韩向强秦报仇，震动了天下。现在凭三寸之舌成为皇帝的老师，分封万户，位居列侯，这是平民百姓所企求的富贵之巅，对我张良来说很满足了。我希望丢开人间的事情，打算跟从赤松子交游。』于是学起辟谷、导引、轻身的养生之术。恰逢高帝驾崩，吕后感激留侯的恩德，就强让他吃饭，说：『人生一世，如白驹过隙那样短促，何必自找苦吃到如此地步呢？』留侯不得已，勉强听从吕后的话而进食。

【原文】

后八年①卒，谥②为文成侯。子不疑代侯。

【注释】

①后八年：指高祖死后八年。但据《高祖功臣侯年表》记载，张良卒于吕后二年，距高帝崩为九年，此云『后八年卒』，当有误。②谥：古代帝王、贵族、大臣、士大夫死后，依其生前事迹给予的称号。

【译文】

八年以后，留侯去世，谥为文成侯。他的儿子不疑继承了侯爵。

【原文】

子房始所见下邳圯上老父与《太公书》①者，后十三年从高帝过济北，果见谷城山下黄石，取而葆祠②之。留侯死，并葬黄石。每上冢伏腊③，祠黄石。

【注释】

①《太公书》：即前《太公兵法》。②葆：同『宝』。葆祠：作为宝而祭祀。③伏腊：两种祭祀的名称。古代分别在夏季的伏天和冬季的腊月行祭祀之礼，所以称『伏腊』。

【译文】

子房当初在下邳桥上见到的那个给他《太公书》的老人（曾经预言过），十三年以后他跟从高帝路过济北，（后来）果然看到在谷城山下有块黄石，留侯把它取回去作为珍宝供奉起来。留侯死了以后，和黄石葬在一起。每逢冬夏到坟上祭祀留侯，同时也祭祀黄石。

【原文】

留侯不疑，孝文帝五年[1]坐不敬，国除。[2]

【注释】

①孝文帝五年：即公元前175年。孝文帝，名恒，刘邦的庶妻薄姬所生，初封为代王。吕后死后，大臣以他为人仁厚，故迎立为帝。在位二十三年（公元前179年至前157年）。②国除：削去封爵，废除封国。据《高祖功臣侯年表》云：『不疑坐与门大夫谋杀故楚内史，当死，赎为城旦，国除。』与此异。

【译文】

留侯不疑，在孝文帝五年时因犯了不敬之罪，被削去了封爵，废除了封国。

【原文】

太史公曰：学者多言无鬼神，然言有物①。至如留侯所见老父予书，亦可怪矣。高祖离②困者数矣，而留侯常有功力焉，岂可谓非天乎？上曰："夫运筹策帷帐之中，决胜千里外，吾不如子房。"余以为其人计魁梧奇伟，至见其图，状貌如妇人好女。盖孔子曰："以貌取人，失之子羽③。"留侯亦云。

【注释】

①物：在汉代有些思想家，不信有鬼神，但却认为有一种精灵、神怪的物质。如王充在《论衡·论死》中说："夫物未死，精神依倚形体，故能变化，与人交通。"就反映了汉朝人的这种认识。②离：通"罹"，遭遇。③子羽：姓澹台，名灭明，字子羽。孔子的弟子。相传此人相貌丑陋而有贤德。本书《仲尼弟子列传》《韩非子·显学篇》有记载。

【译文】

太史公说：学者们多数认为没有鬼神，然而认为有精灵。至于像留侯所见到的给他书的老人，也可以说是件怪事了。高祖曾多次遭遇困厄，而留侯经常出力立功，难道可以说不是天意吗？高祖说："运筹谋划于帷帐之中，而夺取胜利在千里之外，我不如子房。"我原以为他人长得大概魁梧雄伟，到看见他的画像，相貌就像妇人美女一般。正如孔子所说："以貌取人，就会错看了子羽。"对于留侯也可以这么说。

伯夷列传

【原文】

夫学者载籍①极博，犹考信于六蓺②。《诗》《书》虽缺③，然虞夏之④文可知也。尧将逊⑤位，让于虞舜，舜禹之间⑥，岳牧⑦咸荐，乃试之于位，典职⑧数十年，功用⑨既兴，然后授政。示天下重器⑩，王者大统⑪，传天下若斯⑫之难也。而说者曰尧让天下于许由⑬，许由不受，耻之逃隐。及夏之时，有卞随、务光⑭者。此何以称⑮焉？太史公曰：余登箕山⑯，其上盖有许由冢云。孔子序列古之仁圣贤人，如吴太伯⑰、伯夷之伦详矣。余以所闻由、光义至高，其文辞不少概⑱见，何哉？

【注释】

①载籍：书籍。②考信：经考察、考核而得以确认。六蓺：指《诗》《书》《礼》《乐》《易》《春秋》六部经典。『蓺』是『艺』的本字。③《诗》《书》虽缺：后世所传《诗》《书》皆有缺佚，已非完本，《孔子世家》说，古者《诗》三千余篇，至孔子删为三百零五篇。《尚书纬》说，孔子求《书》，得三千三百三十篇，乃删以一百篇为《尚书》。此处《诗》《书》同称，实则是指《尚书》而言。④虞夏之文：《尚书》中有《尧典》《舜典》《大禹谟》等篇，记载了虞、夏禅让之事。⑤逊：退。⑥舜禹之间：上承尧让位于虞舜而言，指舜让位于禹，舜、禹继位之时。⑦岳：四岳，分掌四方诸侯的官。牧：州牧，州的行政长官。传说舜分置十二州，有十二州牧。尧、舜、禹之间禅

让事，参见《五帝本纪》。⑧典职：主持职务。典：主管。⑨功用：功劳，成就。⑩重器：指祭祀用的最重要的礼器，在古代是国家与宗族的象征。⑪统：一脉相传的系统。⑫斯：代词，这，这样。⑬尧让天下于许由：相传尧想让位给许由，许由逃到中岳颍水之阳，箕山之下隐居。尧又想让他担任九州长，许由讨厌听到这种话，跑到颍水之滨去洗耳朵。事见《庄子·让王篇》。⑭卞随、务光：相传汤将伐桀，找卞随、务光谋议，卞随、务光都不肯参与。汤得天下后又要让给卞随，卞随认为这是对他的污辱，自投稠水而死。汤又要让给务光，务光认为汤的行为不仁不义，不愿久处无道之世，抱着石头自沉于卢水。事见《庄子·让王篇》。⑮称：称颂，赞许。⑯箕山：在今河南登封东南。因许由葬于此山，又名「许由山」。⑰吴太伯：周太王之长子。周太王想传位给中子季历及季历的儿子昌，于是，太伯同他的小弟弟仲雍一起逃奔到今江苏南部，自号其地句吴，受当地民人拥戴，为吴太伯。孔子称赞他三让天下，「可谓至德」。事迹详本书《吴太伯世家》。⑱少：通「稍」。概：大略。

【译文】

世上记事的书籍虽然很多，但学者们仍然以「六艺」——《诗》《书》《礼》《乐》《易》《春秋》等经典为征信的凭据。《诗经》《尚书》虽有缺损，但是记载虞、夏两代的文字都是可以见到的。尧将退位，让给虞舜，还有舜让位给禹的时候，都是由四方诸侯长和州牧们推荐出来的，于是，让他们先试着任职工作，主持事务数十年，做出了成就，建立了功绩，然后再把大政交给他们。这是表示天下是极贵重的宝器，帝王是最大的统领者，把天下移交给继承者就是如此的困难。然而，也有人说过，尧要把天下让给许由，许由不肯接受，以为是一种耻辱而逃走隐居起来。到了夏代的时候，又有卞随、务光等人。这些人又为什么要受到称许呢？太史公说：我登过箕山，相传山上有许由之墓。孔子依次评论古代的仁人、圣人、贤人，对吴太伯和伯夷等讲得很详细。我听说许由、务光等节义品德至为高尚，而经书中有关他们的文辞却一点儿也见不到，这是为什么呢？

【原文】

孔子曰：『伯夷、叔齐，不念旧恶[1]，怨是用希[2]。』『求仁得仁[3]，又何怨乎？』余悲伯夷之意，睹轶诗可异焉[4]。其传曰：

伯夷、叔齐，孤竹君[5]之二子也。父欲立叔齐，及父卒，叔齐让伯夷。伯夷曰：『父命也。』遂逃去。叔齐亦不肯立而逃之。国人立其中子。于是伯夷、叔齐闻西伯昌[6]善养老，盍[7]往归焉。及至，西伯卒，武王载木主[8]，号为文王，东伐纣[9]。伯夷、叔齐叩马[10]而谏曰：『父死不葬，爰及[11]干戈，可谓孝乎？以臣弑[12]君，可谓仁乎？』左右欲兵之[13]。太公曰：『此义人也。』扶而去之。武王已平殷乱[14]，天下宗[15]周，而伯夷、叔齐耻之，义不食周粟，隐于首阳山[16]，采薇[17]而食之。及饿且死，作歌。其辞曰：『登彼西山[18]兮，采其薇矣。以暴易暴兮，不知其非矣。神农、虞、夏忽焉没[19]兮，我安适[20]归矣？于嗟徂[21]兮，命之衰矣！』遂饿死于首阳山。

由此观之，怨邪非邪[22]？

【注释】

①恶：罪恶，过错。②是：指示代词。用：因。希：同『稀』。孔子这句话见于《论语·公冶长》。③求仁得仁：语见《论语·述而》。孔子的学生子贡问，伯夷、叔齐是否后来有『怨』的情绪，孔子以此作答。『仁』是孔子理想中的政治道德标准，他曾作过多方面的阐述，如『己欲立而立人，己欲达而达人』，『出门如见大宾，使民如承

大祭；己所不欲，勿施于人；在邦无怨，在家无怨」等。④轶诗：指下文所引伯夷、叔齐采薇之歌。因未收入《诗》集中，故称「轶诗」。轶：通「佚」「逸」，散失。可异焉：孔子云伯夷、叔齐无怨，而佚诗实有怨辞，因此说「可异」。⑤孤竹君：商代北方地区的一个诸侯国的君主。相传是商汤三月丙寅日所封，至伯夷、叔齐之父，名初，字子朝。「孤竹国」故地传在今河北省庐龙县一带。伯夷：名允，字公信。叔齐：名致，字公达。⑥西伯昌：即周文王，姓姬，名昌。西伯，即西方诸侯之长。⑦盍：同「合」。⑧木主：木制的牌位，用以代表死者受祭。⑨纣：商朝的末代帝王，国破兵败，自焚而死。⑩叩马：一作「扣马」，牵住马。⑪爰：句首语气词。及：涉及。⑫弑：下杀上叫「弑」。⑬兵之：对他们动用兵器，即杀掉他们。「兵」用为动词。⑭武王已平殷乱：这句话是站在周的立场上讲的，所以把推翻殷的统治称为「平殷乱」。⑮宗：尊奉，归顺。⑯首阳山：传说为伯夷、叔齐饿死的首阳山有多处，如甘肃陇西、山西永济、河南偃师等，今已不可详考。⑰薇：一种野菜，形似豌豆。⑱西山：即首阳山。⑲神农：传说中上古时代的帝王，曾教民农耕，故称「神农」。忽焉：很快的样子。没：去世，后写作「殁」。⑳适：往，去。㉑于嗟：叹词。徂：往，此指死去。㉒邪：疑问助词。

【译文】

孔子说：「伯夷、叔齐，不是老记着人家以前的过错，因此怨恨他们的人就少。」「追求仁德而得到仁德，又有什么可怨恨的呢？」我对伯夷兄弟的用意深感悲痛，但看到那些逸诗又（不免对孔子说的话）感到诧异。他们的传记说道：

伯夷、叔齐是孤竹君的两个儿子。父亲想把王位传给叔齐，到了父亲去世以后，叔齐要让位给伯夷。伯夷说：

『这是父亲的遗命啊！』于是便逃走了。叔齐也不肯即位而逃走。国人只好立孤竹君的第二个儿子为王。这时，伯夷、叔齐听说西伯昌能关心老人，扶养老人，便一起去归附他。等到达那里，西伯已去世了。武王用车载着西伯的神主，追谥为文王，率军东进去征伐商纣。伯夷、叔齐拉住武王的马而谏阻道：『父亲死了却不安葬，大动干戈去打仗，这难道是孝的行为吗？身为臣子，却要去杀害国君，这难道可以算做仁德吗？』周王左右的人准备杀掉他们，太公说：『他们是义人啊！』扶着他们离开了。武王摧毁了殷商的暴虐统治，天下都归附了周朝，而伯夷、叔齐却认为这是很可耻的事，为了表示对殷商的忠义，不肯再吃周朝的粮食，隐居在首阳山中，靠着采食薇菜充饥。到了由于饥饿而将死的时候，作了一首歌，歌辞说：『登上那西山啊，采些那薇菜呀！以暴臣啊代暴王，他还不知多荒唐！神农、虞舜和夏禹，授政仁人相禅让，圣人倏忽辞世去，我辈今日向何方？啊，别啦，永别啦！命运衰薄令人哀伤！』终于饿死在首阳山中。

从这些记载来看，伯夷、叔齐是怨呢，还是不怨呢？

【原文】

或曰：『天道无亲，常与善人[1]。』若伯夷、叔齐，可谓善人者非邪？积仁絜行[2]如此而饿死！且七十子之徒[3]，仲尼独荐颜渊[4]为好学。然回也屡空[5]，糟糠不厌[6]，而卒蚤夭[7]。天之报施善人，其何如哉？盗跖日杀不辜[8]，肝人之肉[9]，暴戾恣睢[10]，聚党[11]数千人横行天下，竟以寿终。是遵[12]何德哉？此其尤大彰明较著[13]者也。若至近世，操行不轨[14]，专犯忌讳[15]，而终身逸乐，富厚累世不绝。或择地而蹈之[16]，时然后出言[17]，行不由径[18]，非公正不发愤[19]，而遇祸灾者，不可胜数也。余甚惑焉，傥[20]所谓天道，是邪非邪？

【注释】

①天道无亲，常与善人：语见《老子》七十九章。亲：亲近，偏爱。与：赞许，赞助。②积仁：指不断地行仁德之事。积：聚积。絜行：把自己的品行修养得十分高洁。絜：通「洁」，用为动词。③七十子之徒：传孔子弟子三千，身通六艺者七十二人，此处是举其大概。徒：指同一类的人。④颜渊：孔子弟子，名回，字子渊，少孔子三十岁。孔子称赞颜渊好学，见《论语·雍也》。⑤空：一无所有，贫穷。⑥糟：酿酒所余渣滓。糠：舂米所余谷壳。「糟糠」喻粗劣的食物。厌：饱。⑦蚤：通「早」。夭：少壮而死。⑧盗蹠：传说中的大盗。《庄子·盗跖篇》说他从卒九千人，横行天下，侵暴诸侯，驱人牛马，取人妇女，不顾父母兄弟，不祭先祖。蹠，同「跖」。不辜：无辜。辜，罪。⑨肝人之肉：疑此句有脱漏讹误。《庄子·盗跖篇》说「脍人肝而餔之」。脍，肉丝，此用为动词，切成肉丝。⑩暴戾：残暴凶恶。恣睢：任意胡为。⑪党：同类，同伙。⑫遵：遵行、遵循。⑬彰、明、较、著：都是明的意思。⑭不轨：不守法度。轨，本是车子两轮之间的距离，引申为法则、法度。⑮忌讳：禁忌。⑯择地而蹈之：典出《论语·里仁》：「子曰：『里仁为美，择不处仁，焉得知？』」孔子说，居住的地方以仁德所在之处为美，不选择仁德所在之处，怎能算聪明呢？所以要「择地而蹈之」。蹈：踏，踩。⑰时然后出言：典出《论语·宪问》：「夫子时然后言。」时，合适的时机、机会。⑱行不由径：典出《论语·雍也》：「有澹台灭明者，行不由径。」径，指不通车辆的步行小道。⑲非公正不发愤：假如不是为了主持公正，便不感情激动，发泄愤懑。⑳傥：通「倘」，如，若。

【译文】

有人说：「天道并不对谁特别偏爱，但通常是帮助善良人的。」像伯夷、叔齐，总可以算得上是善良的人了吧！

难道不是吗？他们行善积仁，修养品行，这样的好人竟然给饿死了！再说孔子的七十二位贤弟子这批人吧，仲尼特别赞扬颜渊好学。然而颜回常常为贫穷所困扰，连酒糟谷糠一类的食物都吃不饱，终于过早地去世了。上天对于好人的报偿，到底是怎样的呢？盗跖天天在屠杀无辜的人，割人肝，吃人肉，凶暴残忍，胡作非为，聚集党徒数千人，横行天下，竟然能够长寿而终。他又究竟积了什么德，行了什么善呢？这几个例子是最典型，最能说明问题的了。若要说到近代，那种品行不遵循法度，专门违法乱纪的人，反倒能终身安逸享乐，富贵优裕，一代一代地传下去；而有的人（诚如孔子教诲的那样，）居住的地方要精心地加以选择；说话要待到合适的时机才启唇；走路只走大路，不抄小道；不是为了主持公正，就不表露愤懑，结果反倒遭遇灾祸。这种情形多得简直数也数不清。我实在感到非常困惑，倘若这就是所谓的天道，那么，这天道究竟是对，还是错呢？

【原文】

子曰「道不同不相为谋」①，亦各从其志也。故曰：「富贵如可求，虽执鞭之士，吾亦为之。如不可求，从吾所好②。」「岁寒，然后知松柏之后凋③。」举世混浊，清士乃见④。岂以其重若彼⑤，其轻若此⑥哉？

【注释】

①道不同不相为谋：语见《论语·卫灵公》。②富贵如可求……：语见《论语·述而》。执鞭之士，王侯贵族外出之时，执鞭开路以为前驱，此处指卑贱低级的职务。③岁寒，然后知松柏之后凋：语出《论语·子罕》。凋，凋谢，零落。④见：通「现」。⑤其重若彼：指重视修养德行，洁身自好。⑥其轻若此：指轻视富贵安乐与苟且偷生。

【译文】

孔子说“主义不同的人，不互相商议谋划”，都各自按照自己的意志去做事。孔子又说：“富贵如果能够求得，就是要干手拿鞭子的卑贱的职务，我也愿意去干；如果不能求得，那还是按照我自己的喜好去干吧！”“天气寒冷以后，才知道松树、柏树是最后落叶的。”世间到处混浊龌龊，那清白高洁的人就显得格外突出。这岂不是因为他们是如此重视道德和品行，又是那样鄙薄富贵与苟活啊！

【原文】

“君子疾没世而名不称焉①。”贾子②曰：“贪夫徇财③，烈士④徇名，夸者⑤死权，众庶冯生⑥。”“同明相照，同类相求⑦。”“云从龙，风从虎，圣人作而万物睹⑧。”伯夷、叔齐虽贤，得夫子而名益彰。颜渊虽笃学⑨，附骥尾⑩而行益显。岩穴之士⑪，趣舍⑫有时若此，类⑬名堙灭而不称，悲夫！闾巷之人⑭，欲砥行⑮立名者，非附青云之士⑯，恶能施⑰于后世哉？

【注释】

①君子疾没世而名不称焉：语出《论语·卫灵公》。称：称颂。②贾子：即贾谊。③贪夫徇财：以下四句话见贾谊《鹏鸟赋》。徇，为某种目的而死，通“殉”。④烈士：胸怀大志、视死如归的人。⑤夸者：喜好矜夸的人。⑥冯：通“凭”，恃，靠。冯生：是顾惜生命的意思。⑦同明相照，同类相求：语出《易·乾卦》。原文作：“同声相应，同气相求。水流湿，火就燥；云从龙，风从虎，圣人作而万物睹。”⑧圣人作而万物睹：言圣人出现，发微探幽，著述立说，方使万物得以为人睹见。作，兴起。⑨笃：专一。笃学：指专心好学。⑩骥：千里马。附骥尾：旧说“苍蝇

附骥尾而致千里』，此喻颜渊因孔子而名声更大。⑪岩穴：山洞。古代隐士多住在山洞中，故称『岩穴之士』。⑫趣舍：趋向与舍弃，指做官与退隐。趣，通『趋』。⑬类：大抵，大都。⑭闾巷之人：身居里巷的平民百姓。闾，里巷的门。⑮砥行：修炼品行。砥，磨炼。⑯青云之士：比喻声名显赫或身居高位的人。⑰恶：疑问代词，哪里。施：延续。

【译文】

『君子感到痛心的是到死而名声不被大家所称颂。』贾谊说：『贪得无厌的人为追求钱财而不惜一死，胸怀大志的人为追求名节而不惜一死，作威作福的人为追求权势而不惜一死，芸芸众生只顾惜自己的生命。』『同是明灯，方能相互辉照；同是一类，方能相互亲近。』『飞龙腾空而起，总有祥云相随；猛虎纵身一跃，总有狂风相随；圣人一出现，万物的本来面目便都被揭示得清清楚楚。』伯夷、叔齐虽然贤明，由于得到了孔子的赞扬，名声才更加响亮；颜渊虽然好学，由于追随孔子，品德的高尚才更加明显。那些居住在深山洞穴之中的隐士们，他们出仕与退隐也都很注重原则，有一定的时机，而他们的名字（由于没有圣人的表彰），就大都被埋没了，不被人们所传颂，真可悲啊！一个下层的平民，要想磨炼品行，成名成家，如果不依靠德高望重的贤人，怎么可能让自己的名声流传于后世呢？

管晏列传

【原文】

管仲夷吾者，颍上①人也。少时常与鲍叔牙②游，鲍叔知其贤。管仲贫困，常欺鲍叔，鲍叔终善遇之，不以为言。已而鲍叔事齐公子小白③，管仲事公子纠④。及小白立为桓公，公子纠死，管仲囚焉。鲍叔遂进管仲。管仲既用，任政于齐，齐桓公以霸，九合诸侯，一匡天下，管仲之谋也。

【注释】

①颍上：地名，在今安徽颍上县一带。②鲍叔牙：春秋时齐国大夫，以知人著称，又叫『鲍叔』。③齐公子小白：即齐桓公，春秋时齐国国君，五霸之一，姜姓，小白乃其名，公元前685年至前643年在位。周庄王十一年（公元前686年），以兄襄公暴虐，去国奔莒。襄公被杀，归国即位。任管仲为相，尊周室，攘夷狄，九合诸侯，一匡天下，终其身为盟主。后管仲死，用竖刁、易牙、开方等，怠于政事。详见本书《齐世家》。④公子纠：齐襄公之弟。与公子小白争夺君位，失败后被杀。

【译文】

管仲，名夷吾，是颍上人。他年轻时曾与鲍叔牙交游，鲍叔知道他很有才能。管仲生活贫困，常常占鲍叔的便宜，但鲍叔始终对他很好，没有怨言。后来鲍叔侍奉齐国的公子小白，管仲侍奉公子纠。等到小白立为齐桓公，公子纠被杀死，管仲也被囚禁起来了。鲍叔于是向桓公推荐管仲。管仲被任用以后，执掌齐国的政事，齐桓公的霸业因此得以成功，九次会集诸侯，使天下一切得到匡正，都是根据管仲的计谋。

【原文】

管仲曰：『吾始困时，尝与鲍叔贾[1]，分财利多自与，鲍叔不以我为贪，知我贫也。吾尝为鲍叔谋事而更穷困，鲍叔不以我为愚，知时有利不利也。吾尝三仕三见逐于君，鲍叔不以我为不肖，知我不遭时也。吾尝三战三走，鲍叔不以我为怯，知我有老母也。公子纠败，召忽[2]死之，吾幽囚受辱，鲍叔不以我为无耻，知我不羞小节而耻功名不显于天下也。生我者父母，知我者鲍子也。』

【注释】

①贯：坐地经商。②召忽：齐人，与管仲同事公子纠，纠被杀后，召忽自杀。

【译文】

管仲说：『我当初贫困的时候，曾经和鲍叔一起经商，分财利时自己常常多拿一些，但鲍叔并不认为我贪财，知道我是由于生活贫困的缘故。我曾经为鲍叔办事，结果使他更加穷困，但鲍叔并不认为我愚笨，知道这是由于时机有利和不利。我曾经三次做官，三次都被君主免职，但鲍叔并不认为我没有才干，知道我是由于没有遇到好时机。我曾三次作战，三次都战败逃跑，但鲍叔并不认为我胆小，知道这是由于我还有老母的缘故。公子纠失败，召忽为他而死，我被囚禁起来受屈辱，但鲍叔并不认为我不知羞耻，知道我不拘泥于小节，而以功名不显扬于天下为羞耻。生我的是父母，但了解我的却是鲍叔啊！』

【原文】

鲍叔既进管仲，以身下之。子孙世禄于齐，有封邑者十余世①，常为名大夫。天下不多管仲之贤而多鲍叔能知人也。

【注释】

①十余世：指鲍叔的子孙后世。《史记索隐》认为指管仲子孙，似误。

【译文】

鲍叔在推荐管仲辅佐齐桓公之后，甘愿身居管仲之下。鲍叔的子孙世代都在齐国享受俸禄，十几代人都得到了封地，往往都成为有名的大夫。所以天下人不称赞管仲的贤能，却称颂鲍叔能够识别人才。

【原文】

管仲既任政相齐，以区区之齐在海滨，通货积财，富国强兵，与俗同好恶。故其称曰[①]：『仓廪实而知礼节，衣食足而知荣辱，上服度则六亲固[②]。四维[③]不张，国乃灭亡。下令如流水之原，令顺民心。』故论卑而易行。俗之所欲，因而予之；俗之所否，因而去之。

【注释】

①称曰：以下引自《管子·牧民篇》，引文与今本《管子》稍有出入。②上：指君主或尊长。服度：遵守法度。六亲：指父、母、兄、弟、妻、子。③四维：指礼、义、廉、耻。维，纲纪。

【译文】

管仲已经担任齐国丞相，因为齐国临近海滨，所以他发展贸易，积累货币，加强国家军备建设，顺从风俗的好恶。他说：『仓廪充足人们就懂得礼节了，衣食不缺人们就懂得荣辱了，君长遵守法度则六亲地位巩固。纲纪如果坏了，国家也就灭亡了。下达命令像流水经过平原，是因为命令得到了民心的拥护。』所以言论谦卑容易实行。是风俗所希望的，顺从；不是，则去除。

【原文】

其为政也，善因祸而为福，转败而为功。贵轻重[①]，慎权衡[②]。桓公实怒少姬，南袭蔡[③]，管仲因而伐楚，责包茅[④]不入贡于周室。桓公实北征山戎[⑤]，而管仲因而令燕修召公[⑥]之政。于柯之会，桓公欲背曹沫之约[⑦]，管仲因而信之，诸侯由是归齐。故曰[⑧]：『知与之为取，政之宝也。』

【注释】

①轻重：指物价的高低。②权衡：本指秤，这里指理财。③袭蔡：齐桓公二十九年（公元前657年），桓公与夫人少姬戏于船中，少姬因摇荡船而惊吓了桓公，被送回蔡国。后蔡国使少姬另嫁，桓公恼怒，遂于三十年（公元前656年）兴师伐蔡。蔡，古国名，在今河南上蔡、安徽凤台一带。④包茅：古代祭祀时，用裹束的青茅，滤去酒渣，故称此青茅为包茅。⑤北征山戎：齐桓公二十三年（公元前663年）山戎伐燕，齐桓公救燕而伐山戎。山戎，古族名，又称『北戎』，春秋时分布在今河北北部一带。⑥召公：又称召康公。姓姬，名奭，周代燕国的始祖，周成王时任太保。⑦曹沫之约：齐桓公五年（公元前681年），齐桓公与鲁庄公会盟于柯（今山东东阿西南），鲁将曹沫以匕首挟持齐桓公，要求归还被侵占的土地，桓公应允。不久，桓公想背约，管仲劝他实践诺言，于是归还了鲁国的土地。⑧故曰：下文出自《管子·牧民篇》。

【译文】

管仲为政，善于转祸为福，把失败变为成功。重视控制物价，谨慎地处理财政。桓公实际上是由于怨恨少姬，南下袭击蔡国，但管仲却借这个机会，责备楚国不向周天子进贡包茅。桓公实际上是北伐山戎，但管仲却借这个机会，命令燕国恢复召公的政令。桓公在柯地与鲁国会盟，后来又想违背同曹沫的盟约，但管仲借助这个盟约使桓公建立了信义，因此诸侯都来归附齐国。所以说：『懂得给予就是索取的道理，这是治理国政的法宝。』

【原文】

管仲富拟于公室，有三归①、反坫，齐人不以为侈。管仲卒②，齐国遵其政，常强于诸侯。后百余年而有晏子焉。

【注释】

①三归：三座高台，供游赏之用。反坫：堂屋两柱间设有土台，供放置酒器之用。坫，按礼所规定，诸侯才有三归和反坫，管仲是大夫，不应享有。②管仲卒：管仲卒于齐桓公四十一年（公元前 645 年）。

【译文】

管仲的财富足以和公室相比，他有三归高台，又有反坫，但齐国人并不认为他奢侈。管仲死后，齐国仍然遵循他制定的政令法规，常比各国诸侯都强大。经过一百多年以后，齐国又出现了一位晏子。

【原文】

晏平仲婴者，莱之夷维①人也。事齐灵公、庄公、景公②，以节俭力行重于齐。既相齐，食不重肉，妾不衣帛。其在朝，君语及之，即危言；语不及之，即危行。国有道，即顺命；无道，即衡命。以此三世显名于诸侯。

【注释】

①莱：古国名，今山东黄县东南有莱子城，即古莱国。夷维：地名，故地在今山东高密。②齐灵公：春秋时齐国君，顷公子，名环。公元前 581 年至前 554 年在位。庄公：齐国君，灵公子，名光。公元前 553 年至前 548 年在位。景公：齐国君，庄公异母弟，名杵臼。大夫崔杼杀死庄公后，立其为君。公元前 547 年至前 490 年在位。

【译文】

晏平仲，名婴，是古莱国的夷维人，历事齐灵公、齐庄公、齐景公三朝，由于节俭和勤于政事而受到齐国人民的推重。他担任齐相，不吃两样的肉食，妻妾不穿丝绸衣裳。他在朝廷，国君有话问他，他就严肃地回答；不向他问话，他就严肃地办事。当国家有道的时候，就顺命行事，无道的时候，就权衡度量着去行事。他由于这样做，而能够三朝都在诸侯之中显扬名声。

【原文】

越石父贤，在缧绁①中。晏子出，遭之涂，解左骖②赎之，载归。弗谢，入闺③。久之，越石父请绝。晏子戄然，④摄衣冠谢曰：『婴虽不仁，免子于戹⑤，何子求绝之速也？』石父曰：『不然。吾闻君子诎于不知己而信⑥于知己者。方吾在缧绁中，彼不知我也。夫子既已感寤而赎我，是知己；知己而无礼，固不如在缧绁之中。』晏子于是延入为上客。

【注释】

①缧绁：拘系犯人的绳索。这里作囚禁解。②骖：指一车三马或四马中两旁的两匹马。③闺：内室。后特指女子的卧室。④戄然：惊讶的样子。⑤戹：同『厄』。受困，遭难。⑥诎：通『屈』。信：通『伸』。

【译文】

越石父是个贤能的人，犯了罪被拘禁。晏子外出，在路上遇见他，就解下坐车左边的马，赎出了石父，并让他上车，一同回了家。晏子没有向石父告辞，就进入内室，许久不出来，于是越石父请求断绝交往。晏子大吃一惊，整理自己的衣冠郑重道歉说：『我虽然没有仁德，但也帮助您摆脱了困境，您为什么这样快就要断绝交往呢？』石父说：『不能这样说。我听说君子在不了解自己的人那里受屈，在知己人那里受到尊敬。当我在囚禁期间，那些人是不了解我的。您既然了解我，并且把我赎出来，这就是知己了，知己而待我无礼，那还不如被囚禁着。』晏子于是请他进来待为上宾。

【原文】

晏子为齐相，出，其御[1]之妻从门间而窥其夫。其夫为相御，拥大盖，策驷马，意气扬扬，甚自得也。既而归，其妻请去。夫问其故。妻曰：『晏子长不满六尺，身相齐国，名显诸侯。今者妾观其出，志念深矣，常有以自下者。今子长八尺，乃为人仆御，然子之意自以为足，妾是以求去也。』其后夫自抑损。晏子怪而问之，御以实对。晏子荐以为大夫[2]。

【注释】

①御：驾驶车马。这里指驾车的人。②大夫：职官等级名。三代时，官分卿、大夫、士三等。

【译文】

晏子担任齐国的宰相，一次外出，他车夫的妻子从门缝偷看她的丈夫。她的丈夫为宰相驾车，坐在大车盖下边，鞭打着四匹马，意气昂扬，特别得意。车夫回家以后，他的妻子就要求离去，车夫问他为什么。妻子说：『晏子身长不满六尺，却做了齐国的宰相，名声显扬于诸侯。今天我看他出来，意志深远，常常流露出甘居人下的情态。现在你身长八尺，却给人家当车夫，但看你那样子却是心满意足，因此我要求离去。』从此以后，她丈夫就变得谨慎谦虚了。晏子感到奇怪，就问他，车夫如实作了回答。晏子推荐他做了大夫。

【原文】

太史公曰：吾读管氏《牧民》《山高》《乘马》《轻重》《九府》[1]，及《晏子春秋》[2]，详哉其言之也。既见其著书，欲观其行事，故次其传。至其书，世多有之，是以不论，论其轶事。

【注释】

①《牧民》《山高》《乘马》《轻重》《九府》：皆为《管子》一书中的篇名。②《晏子春秋》：书名。旧题春秋齐晏婴撰。所述皆晏婴遗事，当为后人摭集而成。书名始见于本篇。今本共八卷。

【译文】

太史公说：我读管氏的《牧民》《山高》《乘马》《轻重》《九府》，以及《晏子春秋》，书中说得详细极了。看了他们所著的书以后，还想了解他们的所作所为，所以，编写了他们的传记。至于他们的著作，世上流传很多，所以不再论述，传中只讲他们的轶事。

【原文】

管仲，世所谓贤臣，然孔子小之。岂以为周道衰微，桓公既贤，而不勉之至王，乃称霸哉？语曰①『将顺其美，匡救其恶，故上下能相亲也』。岂管仲之谓乎？

【注释】

①语曰：以下引文见于《孝经·事君章》。

【译文】

管仲，世人都称他是贤臣，但孔子却轻视他。难道是因为周室衰微，桓公很贤明，而管仲却不勉励他去扶持王室，而辅佐他成就霸主了吗？古语说：『帮助发扬君主的美德，纠正他的过错，所以上下就能互相亲近。』说的就是管仲吧？

【原文】

方晏子伏庄公尸哭之，成礼然后去①，岂所谓『见义不为无勇』②者邪？至其谏说，犯君之颜，此所谓『进思尽忠，退思补过』③者哉！假令晏子而在，余虽为之执鞭，所忻慕焉。

【注释】

①成礼然后去：据《左传》襄公二十五年（公元前548年）记载，齐大夫崔杼杀庄公，晏婴进去抱着庄公的尸体痛哭，尽了君臣之礼，然后才离去。②见义不为无勇：引文出自《论语·为政》。③进思尽忠，退思补过：引文出自《孝经·事君章》。

【译文】

当晏子伏在齐庄公尸体上痛哭，尽到为臣的礼仪之后才肯离去，难道这就是所说的『表现出大义来就不能说是没有勇气』的人吗？至于他进谏上书，冒犯君主的威严，这就是人们所说的『在朝廷上想着要尽忠，下朝就想着要补救过失』的人吧？假如晏子至今还活着，我即使是替他执鞭效劳，也是我喜欢和羡慕的事啊！

老子韩非列传

【原文】

老子者，楚苦县①厉乡曲仁里人也，姓李氏，名耳，字聃，周守藏室之史②也。

【注释】

①苦县：县名。春秋时属楚，故地在今河南鹿邑东。②守藏室之史：管理藏书的史官。

【译文】

老子是楚国苦县厉乡曲仁里人，姓李，名耳，字聃，在周朝做管理藏书的史官。

【原文】

孔子适周，将问礼于老子。老子曰：『子所言者，其人与骨皆已朽矣，独其言在耳。且君子得其时则驾，不得其时则蓬累①而行。吾闻之，良贾深藏若虚，君子盛德，容貌若愚。去子之骄气与多欲，态色与淫志，是皆无益于子之身。吾所以告子，若是而已。』孔子去，谓弟子曰：『鸟，吾知其能飞；鱼，吾知其能游；兽，吾知其能走。走者可以为罔②，游者可以为纶③，飞者可以为矰④。至于龙吾不能知，其乘风云而上天。吾今日见老子，其犹龙邪！』

【注释】

①蓬：草名，细叶，风吹则根断而随风飘转。累：转行貌。②罔：同『网』。③纶：钓鱼用的丝线。④矰：系丝绳的射鸟用的短箭。

【译文】

孔子到周朝国都雒邑，打算向老子请教礼的知识。老子说：『你所说的，他本人和骨骸都已腐朽了，只有他的言论还在。况且君子遭遇时运好，就坐上车子去做官；不逢其时，就像蓬草一样随风转移，可止则止。我听说：「会做生意的商人把货物囤藏起来，外表上好像没有货物一样。君子具有高尚的品德，但容貌谦恭就像愚蠢的人。」去掉你的骄气与多欲，故意做作的姿态和过大不实际的志向，这些对于你自身都没有好处。我要告诉你的，就是这些而已。』孔子离去，对弟子们说：『鸟儿，我知道它能飞；鱼儿，我知道它能游；兽类，我知道它能跑。会跑的可以使用网（捉住它），会游的可以使用丝线（钓住它），会飞的可以使用箭（射中它）。至于龙，我就不能知道了。它乘着风云而上升到天空。我今天见到老子，他大概像一条龙吧！』

【原文】

老子修道德，其学以自隐无名为务。居周久之，见周之衰，乃遂去。至关[1]，关令尹喜[2]曰：『子将隐矣，强[3]为我著书。』于是老子乃著书上下篇，言道德之意五千余言而去，莫知其所终。

【注释】

①关：指散关，在今陕西宝鸡西南大散岭上。一说指函谷关，在今河南灵宝西南。②关令尹喜：守关的官吏，姓尹名喜。一说『关令尹』是守关的官名，其名为喜。③强：勉力。

【译文】

老子讲修道德，他的学说以深自韬隐，不求闻达为主旨。久住周京，看到周朝衰微下去，于是就离开了。经过散关，关令尹喜说：『你将要隐居了，请尽力为我著书吧！』于是老子便著述《老子》上下二篇，论述『道』与『德』之意五千多字，然后离去，没有人知道他后来怎么样了。

【原文】

或曰：老莱子[1]亦楚人也，著书十五篇，言道家之用，与孔子同时云。

【注释】

①老莱子：春秋时楚隐士。避乱世，耕于蒙山下。楚王闻其贤，欲用之，老莱子遂与其妻至江南，隐居不出。

著书十五篇。

【译文】

有人说，有个叫老莱子的，也是楚国人，著书十五篇，论述道家的体用。与孔子生活在同一时代。

【原文】

盖老子百有六十余岁，或言二百余岁，以其修道而养寿也。

自孔子死之后百二十九年，而史记周太史儋见秦献公①曰：『始秦与周合，合五百岁而离，离七十岁而霸王者出焉。』或曰儋即老子，或曰非也，世莫知其然否。老子，隐君子也。

【注释】

①周太史儋见秦献公：本书《周本纪》与《秦本纪》均载此事，时为秦献公十一年（公元前 374 年），距孔子之死计一百零五年。上文云『自孔子死之后百二十九年』推算有误。秦献公：秦国国君，名师隰，秦灵公之子。公元前 384 年至前 362 年在位。

【译文】

老子大概活了一百六十多岁，有人说活了二百多岁，由于讲修道德，所以养得高寿。

在孔子死后一百二十九年，史书上记载周太史儋见过秦献公，并说：『开始秦与周是合并的，大约合五百年后分离，分离七十年后，就会出现霸王。』有人说儋就是老子，有人说不是，世人没有人知道是对还是不对。老子是一个隐士。

【原文】

老子之子名宗，宗为魏将，封于段干。宗子注，注子宫，宫玄孙假，假仕于汉孝文帝。而假之子解为胶西王印[1]太傅，因家于齐[2]焉。

【注释】

①胶西王印：胶西为西汉王国名，故都高苑（今山东邹平东北苑城）。印，汉高祖庶子齐悼惠王子，汉文帝封为胶西王，后因参与吴楚七国之乱被杀。②齐：地名。今山东泰山以北黄河流域及胶东半岛地区。

【译文】

老子的儿子名宗，曾做过魏国的将领，封在段干这个地方。宗的儿子叫注。注的儿子叫官。官的玄孙叫假，假曾在汉文帝朝做官。假的儿子解是胶西王印的太傅，因此定居于齐地。

【原文】

世之学老子者则绌儒学[1]，儒学亦绌老子。『道不同不相为谋』[2]，岂谓是邪？李耳无为自化，清静自正。

【注释】

①绌：同『黜』，排斥。儒学：以孔子为代表的学派。②道不同不相为谋：孔子语，出《论语·卫灵公》。

【译文】

世上学习老子学说的人，往往贬斥儒学，而研究儒学的人，也贬斥老子的学说。大概这就是所谓『道不同不相为谋』的缘故吧！李耳主张无为而听任自然的变化，清静而自得事理之正。

【原文】

庄子者，蒙①人也，名周。周尝为蒙漆园②吏，与梁惠王、齐宣王同时。其学无所不窥③，然其要本归于老子之言。故其著书十余万言，大抵率寓言也。作《渔父》《盗跖》《胠箧》④，以诋訾⑤孔子之徒，以明老子之术。畏累虚、亢桑子⑥之属，皆空语无事实。然善属⑦书离辞，指事类情，用剽剥⑧儒、墨，虽当世宿学不能自解免也。其言洸洋⑨自恣以适己，故自王公大人不能器之。

【注释】

①蒙：邑名。战国时属宋，在今河南商丘东北。②漆园：地名。古属蒙县。此地一说在今山东曹县。③窥：探视。这里是钻研、浏览之意。④《渔父》《盗跖》《胠箧》：均为《庄子》中的篇名。⑤诋訾：毁辱。⑥畏累虚、亢桑子：《庄子·庚桑楚》篇提到的地名与人名。畏累虚即畏垒之山，「虚」同「墟」；亢桑子即庚桑楚。⑦属：连属。离：附丽。⑧剽剥：攻击。⑨洸洋：水势浩大的样子，犹「汪洋」。此以水的无边无际喻议论恣肆。

【译文】

庄子是蒙地人，名周。曾做过蒙地漆园的官吏，与梁惠王、齐宣王是同一时代的人。他的学说无所不及，但要旨却源于老子的理论。所以他写的书虽有十多万字，但大多都是寓言文字。作《渔父》《盗跖》《胠箧》，来毁辱孔子的学生，以表明老子的道术。至于他写的畏累虚、亢桑子之类，都是没有其事的杜撰。但他善于连缀文字以成辞章，表达事理，形容情状，来攻击儒家和墨家的学说，即使是当世饱学的学者，也都不能免于遭受攻击。他的文章汪洋恣肆，以适应自己的论证目的，所以当时从王公大人以下，没有一个能够使用他。

【原文】

楚威王[1]闻庄周贤，使使厚币迎之，许以为相。庄周笑谓楚使者曰：『千金，重利；卿相，尊位也。子独不见郊祭之牺牛[2]乎？养食之数岁，衣以文绣，以入大庙[3]。当是之时，虽欲为孤豚[4]，岂可得乎？子亟去，无污我。我宁游戏污渎之中自快，无为有国者所羁[5]，终身不仕，以快吾志焉。』

【注释】

①楚威王：楚国国君，楚宣王子，名商，公元前339年至前329年在位。②郊祭：祭祀天地。牺牛：祭祀用的牛。③大庙：即太庙，天子的祖庙。④孤豚：小猪。⑤羁：管束。

【译文】

楚威王听说庄周贤能，派人去重金聘请，答应让他做卿相。庄周笑笑对楚使说：『千金的确是重利，卿相的确是尊位，但你没见过天子祭祀天地时所用的牺牛吗？这些牛被饲养好几年，然后被披上彩绣的衣服，送进太庙去作祭品，在这个时候，即使想做一只自由的小猪，还能办得到吗？你赶快走吧，不要玷污我的人格！我宁愿在有着污泥的小河沟里自由自在，也不愿被国君所约束，终身不做官，使我的心志快乐。』

【原文】

申不害者，京[1]人也，故郑之贱臣。学术以干韩昭侯[2]，昭侯用为相。内修政教，外应诸侯，十五年。终申子之身，国治兵强，无侵韩者。

【注释】

①京：邑名，战国时属郑，故城在今河南荥阳东南。②韩昭侯：战国时韩国国君，韩懿侯子，公元前358年至前333年在位。

【译文】

申不害是京县人，原来是郑国的一个小官。后来学了刑名之术来求见韩昭侯，昭侯任用他为相，对内整饰政治教化，对外应付诸侯之国，达十五年。一直到申子去世之时，韩国国治兵强，没有敢于侵犯的。

【原文】

申子之学本于黄老而主刑名①。著书二篇，号曰《申子》②。

【注释】

①黄老：黄帝和老子。先秦儒家只谈尧、舜而不提黄帝，道家为了和儒家争夺学术地位，捧出传说较尧、舜更早的黄帝来，与老子并尊为道家的创始人，故汉时有『黄老之学』的称呼。刑名：刑名指实与名。『刑』同『形』。②《申子》：书早佚，有《大体篇》保存于《群书治要》中。

【译文】

申子之学，源于黄帝和老子，而主张循名责实。著书二篇，叫作《申子》。

【原文】

韩非者，韩之诸公子也。喜刑名法术之学，而其归本于黄老。非为人口吃，不能道说，而善著书。与李斯俱事荀卿①，斯自以为不如非。

【注释】

①荀卿：即荀况，战国赵人，当时的著名学者，其学以孔子为宗，主人性恶，与孟子性善说相反。今传《荀子》三十二篇。详见本书《荀卿列传》。

【译文】

韩非，是韩国的贵族子弟。爱好刑名法术的学说，这种学说源于黄老。韩非生来口吃，不善于言说，却善于著书。与李斯同时求学于荀卿，李斯自认为才能不及韩非。

【原文】

非见韩之削弱，数以书谏韩王①，韩王不能用。于是韩非疾治国不务修明其法制，执势以御其臣下，富国强兵而以求人任贤，反举浮淫之蠹②而加之于功实之上。以为儒者用文乱法，而侠者以武犯禁。宽则宠名誉之人，急则用介胄之士。今者所养非所用，所用非所养。悲廉直不容于邪枉之臣，观往者得失之变，故作《孤愤》《五蠹》《内外储》《说林》《说难》③十余万言。

【注释】

①韩王：指韩王安，韩国的最后一个君主。韩桓惠王子，公元前238年至前230年在位。详见本书《韩世家》。

②浮淫之蠹：指文学游说之士。蠹，蛀虫。韩非认为文学游说之士于国无益，故称之为『蠹』。③《孤愤》《五蠹》《内外储》《说林》《说难》：均为《韩非子》中的篇名。说，游说。

【译文】

韩非看到韩国国势渐渐削弱，屡次上书规谏韩王，但韩王都不加采纳。因此韩非痛心国君治国不致力于讲求法制，不能用权势来驾驭臣下，不能使国家富强，兵力强大，不求贤任能，反而举任一些文学游说之士，使他们位居于专务功利实际的人之上。韩非认为儒生搬弄文辞来扰乱法术，而任侠的人又用武力干犯禁忌。平安时就恩宠那些有浮名虚誉的文人，危急时则要用披甲带胄的武士。现在平时培养的人不是所要使用的人，而所使用的人却不是平日所培养的人。他又悲愤那些清廉正直的臣子不为奸邪之臣所容，考察历史上治国得失的演变之迹，因此写下了《孤愤》《五蠹》《内外储》《说林》《说难》等十余万字的文章。

【原文】

然韩非知说之难，为《说难》书甚具，终死于秦，不能自脱。

《说难》曰：

凡说之难，非吾知之有以说之难也；又非吾辩之难能明吾意之难也；又非吾敢横失[1]能尽之难也。凡说之难，在知所说[2]之心，可以吾说当之。

【注释】

①横失：横佚，横逸，指辩说的纵横驰骋，口才无碍。失，同『佚』。②所说：指所要游说的君主。

【译文】

然而韩非尽管深知游说之道甚难，写下《说难》一文特别详备，但最终还是被害死在秦国，未能以身自免。

《说难》写道：

大凡对君主游说的难处，不是难在用我具有的知识来向君主游说，也不是难在我的口才难以表达我的意思，更不是难在我不敢把自己的意思毫无顾忌地充分讲出来。游说的难处，是在于了解游说对象的心理，方可使我的言论适合他的口味。

【原文】

所说出于为名高者也，而说之以厚利，则见下节而遇卑贱，必弃远矣。所说出于厚利者也，而说之以名高，则见无心而远事情，必不收矣。所说实为厚利而显为名高者也，而说之以名高，则阳①收其身而实疏之；若说之以厚利，则阴用其言而显弃其身。此之不可不知也。

【注释】

①阳：表面上。与上文『显』义近。

【译文】

如果君主希望博取很高的名望，而游说者却对他说如何博取厚利，那么就会被君主看成为志节卑下，而以卑贱的待遇来对待他，这样，游说者必定要被君主远远抛弃了。如果君主希望获取厚利，而游说者却拿怎样获得高名去劝说他，那就会被君主看成是一个没有头脑的人，而且和他所计划的事相去太远，结果游说者必定不会被收用了。如果君主暗地里想获得厚利，而外表却装做好高名的样子，游说者若以获得高名的言论去劝说他，君主就会表面上同意游说者的意见，任用游说者，实际上却对他疏远；游说者若以获取厚利的言论去劝说他，君主就会暗中采用他的言论，表面上却要抛弃游说者。这是不可不省察的。

【原文】

夫事以密成，语以泄败。未必其身泄之也，而语及其所匿之事，如是者身危。贵人有过端，而说者明言善议以推其恶者，则身危。周泽未渥也而语极知，说行而有功则德亡①，说不行而有败则见疑，如是者身危。夫贵人得计而欲自以为功，说者与知焉，则身危。彼显有所出事，乃自以为也②故，说者与知焉，则身危。强之以其所必不为，止之以其所不能已者，身危。故曰：与之论大人，则以为间己；与之论细人③，则以为粥权④。论其所爱，则以为借资⑤；论其所憎，则以为尝己⑥。径省其辞，则不知而屈⑦之；泛滥博文，则多而久⑧之。顺事陈意，则曰怯懦而不尽；虑事广肆，则曰草野而倨侮⑨。此说之难，不可不知也。

【注释】

①亡：通「忘」，忘记。②也：通「他」，其他。③细人：这里指君主身边的亲近小臣。④粥权：卖权，盗用权力。粥，同「鬻」，卖。⑤借资：因依，凭借。⑥尝己：指试探君主。⑦屈：通「诎」，卷曲，指不得舒展。⑧久：陈奇猷《韩非子集释》认为是「弃」字之误。⑨草野而倨侮：粗野傲慢。

【译文】

事情由于保密而成功，由于语言的泄漏而失败。未必是游说者泄漏的，只是游说者无意中说破了君主秘藏着的心事，这样游说者就有生命危险。显贵有了错误的苗头，而游说者却公开用大道理去推测他的不良行为，那么游说者就有生命危险。君主对游说者的亲密恩泽还没有达到深厚的程度，而游说者却讲出极知心的话，游说者的主张被采用并获得成功，他的功德就会被君主遗忘。游说者的主张没有被实行因而遭致失败，他就要引起君主的怀疑，这样游说者就有生命危险。显贵计划了一件事情，感到很得意，想自己表功，但游说者也曾参与，知道这件事，那么游说者就有生命危险。君主表面上号召做某一件事，而实际上却是为了成就另一件事，游说者参与并知道底细，那么游说者就有生命危险。如果勉强对方去做他不愿做的事情，或者勉强他中止他所不愿意罢手的事情，就有生命危险。所以说，游说者要是同君主议论大臣的事，便会被认为是离间君臣关系；要是同君主议论近臣的事，便会被认为是冒犯君主的权威。谈论君主所宠爱的人，便会被认为是拿君主宠爱的人做靠山；谈论君主所厌恶的人，便会被认为是试探君主对自己的看法。要是游说者说话简单直接，就会被认为缺少才智而得不到重用；要是滔滔不绝说得不着边际，就会被认为啰哩啰唆浪费时间。要是简略地陈述大意，就会被说成是懦弱不敢大胆尽言；要是把考虑的事情毫无顾忌尽情谈出来，又会被说成是粗野傲慢。这一切都是游说者的难处，是不可不知道的。

【原文】

凡说之务，在知饰所说之所敬，而灭其所丑。彼自知其计，则毋以其失穷之；自勇其断，则毋以其敌[①]怒之；自多其力，则毋以其难概[②]之。规异事与同计，誉异人与同行者，则以饰之无伤也。有与同失者，则明饰其无失也。大忠无所拂悟[③]，辞言无所击排[④]，乃后申其辩知焉。此所以亲近不疑，知尽之难[⑤]也。得旷日弥久，而周泽既渥，深计而不疑，交争而不罪，乃明计利害以致其功，直指是非以饰其身，以此相持，此说之成也。

【注释】

①敌：通「谪」，过失。②概：恼恨。③忠：顾广圻认为此字误，当从《道藏》本《韩非子》作「忤」；王先

谦认为当从《太平御览》卷四六二引作『怒』。今从王说。拂：通『咈』，违。悟：通『牾』，逆。④击排：碰撞反驳。⑤知：一作『得』。难：一作『辞』。

【译文】

游说者所应注意的重要问题，就在于如何去美化君主最自负的地方，而掩盖他最自惭形秽之处。对方如果以为自己的计谋高明，就不要指责他过去的失败而使他受窘；要是他认为自己的果断很勇敢，就不要拿他由于考虑不周造成的过错去激怒他；要是他夸耀自己的能力很强，就不要拿他感到棘手的问题非难他。规划不同的事与君主有同样打算的，赞美别人的行事和君主相同的。对这些事和人，游说者就要注意文饰自己的观点不要刺伤他们。有人和君主做了同样失败的事，一定要表面上说他没有错。君主大怒时不要违抗，言辞不要有锋芒，然后发挥自己的口辩智慧。这就是游说者得以亲近君主，不被怀疑，而可以充分说出自己言论主张的办法。如果得以与君主长期共事，感情和恩泽很深厚，替君主深谋远虑而不受怀疑，互相争论也不获罪，遇事便可以公开地论断利害，使他获得成功，直截了当地指出君主的是非，使他能够改正。彼此的关系如能像这样维持下去，那游说就算是成功了。

【原文】

伊尹①为庖，百里奚②为虏，皆所由干其上也。故此二子者，皆圣人也，犹不能无役身而涉世如此其污也，则非能仕之所设③也。

【注释】

①伊尹：名挚，商汤的大臣。②百里奚：春秋时秦穆公之相。③设：《韩非子》作『耻』，当是。

【译文】

伊尹曾做过厨子，百里奚曾做过奴仆，他们都从自己从事的工作的角度请求君主采用他们的主张。这两个人都是古代的圣人，尚不能不亲自去从事卑贱的事以求进用。像这样卑躬屈节，也并不是贤能之士感到耻辱的事。

【原文】

宋有富人，天雨墙坏。其子曰『不筑且有盗』，其邻人之父亦云，暮而果大亡其财，其家甚知其子而疑邻人之父。昔者郑武公欲伐胡①，乃以其子妻之。因问群臣曰：『吾欲用兵，谁可伐者？』关其思曰：『胡可伐。』乃戮关其思，曰：『胡，兄弟之国也，子言伐之，何也？』胡君闻之，以郑为亲己而不备郑。郑人袭胡，取之。此二说者，其知皆当矣，然而甚者为戮，薄者见疑。非知之难也，处知则难矣。

【注释】

①郑武公：春秋时郑国国君，郑桓公之子，名掘突，公元前770年至前744年在位。胡：春秋时国名，故地在今安徽阜阳一带。

【译文】

宋国有个富翁，天下大雨冲塌了他家的墙壁。他儿子说：『如果不快修好这堵墙，就要有盗贼来。』他邻人的父亲也说了同样的话。到了晚上，他家果然被盗，丢失了不少钱财，他家的人都说自己的儿子聪明，却怀疑邻人的父亲。

从前郑武公想讨伐胡国，便把自己的女儿嫁给胡君做妻子。接着他问群臣说：『我想对外用兵，哪一国可以攻打呢？』大夫关其思回答说：『胡国可以攻打。』郑武公便杀了关其思，说道：『胡国是兄弟国家，你说可以攻打，居心何在？』

胡国国君听到这件事，认为郑君和自己关系密切，便不防备郑国了。郑国乘机袭击胡国，把它吞灭了。邻人之父和关大夫的话都对，但重的遭受到杀戮，轻的被人所怀疑。可见认识某一事理并不困难，但如何处理这种认识就困难了。

【原文】

昔者弥子瑕①见爱于卫君。卫国之法，窃驾君车者罪至刖②。既而弥子之母病，人闻，往夜告之，弥子矫③驾君车而出。君闻之而贤之曰：『孝哉，为母之故而犯刖罪！』与君游果园，弥子食桃而甘，不尽而奉君。君曰：『爱我哉，忘其口而念我！』及弥子色衰而爱弛④，得罪于君。君曰：『是尝矫驾吾车，又尝食⑤我以其余桃。』故弥子之行未变于初也，前见贤而后获罪者，爱憎之至变也。故有爱于主，则知当而加亲；见憎于主，则罪当而加疏。故谏说之士不可不察爱憎之主而后说之矣。

【注释】

①弥子瑕：春秋时卫灵公幸臣。事迹尚见于《左传》定公六年、《韩非子·内储》上、《难》四。②刖：古代砍掉脚的酷刑。③矫：假称君命。④色衰而爱弛：容貌衰老，宠爱减弱。⑤食：给人吃。

【译文】

从前弥子瑕很受卫君的宠爱。卫国的法律，凡是私自驾用君主车子的人就要受断足的刑罚。有一次，弥子瑕的母亲病了，有人闻讯，连夜去告诉了他，弥子瑕就假称君主的命令，私自驾了卫君的车子出去。卫君知道后，反而称赞他说：『真是一个孝子啊，为了母亲甘愿受断足之刑。』弥子瑕和卫君游果园，弥子瑕摘一个桃子吃，觉得又香又甜，没有吃完，就把剩下的让给卫君吃了。卫君说：『弥子瑕真是爱我啊，不顾自己爱吃却想着我。』等到后来弥子瑕老态龙钟，卫君对他的宠爱消减了，他得罪了卫君，卫君就说：『弥子瑕曾经假称我的命令，私自驾用我的车子，又曾经给我吃剩的桃子吃。』所以说弥子瑕的行为和以前并没有什么不同，可当初为卫君所赞许，而后来却变成了罪过，其原因就是卫君心中的爱和憎起了变化。所以一个人被君主宠爱的时候，他的智谋合乎君主的口味，君主就对他更加亲近。当他被君主厌恶的时候，他的过失与君主的厌恶心理相应，君主就对他更加疏远。因此游说谏诤的人必须事先仔细观察君主爱憎如何，然后再进言。

【原文】

夫龙之为虫①也，可扰狎而骑②也。然其喉下有逆鳞径尺③，人有婴④之，则必杀人。人主亦有逆鳞，说之者能无婴人主之逆鳞，则几矣。

【注释】

①虫：古代把虫作为动物的总称。把龙也看作是虫类。②扰：通『柔』。狎：习，驯服。③逆鳞：倒逆而长的鳞甲。径尺：尺把长。④婴：触动。

【译文】

龙作为一种虫类，可以亲近它，骑它，但它的喉咙下倒生着尺把长的鳞，如果有人触动了它，就必定要丧命。君主也同样生有逆鳞，游说者能够不触犯君主的逆鳞，就差不多成功了。

【原文】

人或传其书至秦。秦王①见《孤愤》《五蠹》之书，曰：『嗟乎，寡人得见此人与之游，死不恨矣！』李斯曰：『此韩非之所著书也。』秦因急攻韩。韩王始不用非，及急，乃遣非使秦。秦王悦之，未信用。李斯、姚贾[2]害之，毁之曰：『韩非，韩之诸公子也。今王欲并诸侯，非终为韩不为秦，此人之情也。今王不用，久留而归之，此自遗患也，不如以过[3]法诛之。』秦王以为然，下吏治非。李斯使人遗[4]非药，使自杀。韩非欲自陈，不得见。秦王后悔之，使人赦之，非已死矣[5]。

【注释】

①秦王：指秦王嬴政，统一六国后称始皇帝。②姚贾：时为秦上卿。③过：罪过。④遗：送给。⑤非已死矣：韩非死于秦王政十四年（公元前233年）。

【译文】

有人把韩非的书传到秦国。秦王看了《孤愤》《五蠹》等书，慨叹说：『唉，我要是能见到这个人，并与他交往，即使是死了也不遗憾了。』李斯说：『这几卷书是韩非写的。』秦国因此加紧攻打韩国。韩王最初不任用韩非，等到形势危急，便派韩非出使秦国。秦王很高兴，尚未任用他时，李斯、姚贾妒忌韩非，就诋毁他说：『韩非是韩国的贵族子弟，现在大王要吞并诸侯，韩非最终还是要为韩国效力，而不会为秦国效力，这是人之常情。现在大王不任用他，久留于秦，将来再放他回去，这是自己留下后患，不如加以罪名，依法处死他。』秦王认为有道理，就派人将韩非关押起来。李斯派人送毒药给韩非，让他自杀。韩非想要向秦王申诉，未能见到。秦王后来悔悟了，使人去赦免韩非，但是韩非已经死了。

【原文】

申子、韩子皆著书，传于后世，学者多有。余独悲韩子为《说难》而不能自脱耳。

太史公曰：老子所贵道，虚无，因应变化于无为，故著书辞称微妙难识。庄子散[①]道德，放论[②]，要亦归之自然[③]。申子卑卑[④]，施之于名实。韩子引绳墨，切事情，明是非，其极惨礉少恩。皆原于道德之意，而老子深远矣。

【注释】

①散：推演。②放论：放言高论。③要：要旨。自然：自然无为。④卑卑：自我勉励之意。

【译文】

申子、韩子都有著作留传到后世，不少学者都有他们的著作。我暗自悲伤韩非写了《说难》一文，自己却未能逃脱死路。

太史公说：老子看重道、虚无，听任事物自然变化，因此他写的书人们认为语义微妙难于理解。庄子推演老子关于道德的学说，放言高论，而要旨最终也归宗于自然之道。申子常常勉励自己，实践循名责实的理论。韩非以法律为准绳，判断事情，明察是非，到了极端便是惨急苛刻，残酷无情。申子、韩子的理论都源于『道德』学说，但老子原来的学说那是深远多了。

司马穰苴列传

【原文】

司马穰苴[①]者，田完[②]之苗裔也。齐景公[③]时，晋伐阿、甄[④]，而燕侵河上[⑤]，齐师败绩[⑥]。景公患之。晏婴[⑦]乃荐田穰苴曰：『穰苴虽田氏庶孽[⑧]，然其人文能附众，武能威敌，愿君试之。』景公召穰苴，与语兵事，大说[⑨]之，以为将军[⑩]，将兵扞[⑪]燕晋之师。穰苴曰：『臣素卑贱，君擢之闾伍[⑫]之中，加之大夫之上，士卒未附，百姓不信，人微权轻，愿得君之宠臣，国之所尊，以监军⑬，乃可。」于是景公许之，使庄贾往。穰苴既辞，与庄贾约曰：「旦日中会于军门⑭。」穰苴先驰至军，立表下漏⑮待贾。贾素骄贵，以为将己之军而己为监⑯，不甚急。亲戚左右送之，留饮。日中而贾不至。穰苴则仆表决漏⑰，入⑱，行军勒⑲兵，申明约束⑳。约束既定，夕㉑时，庄贾乃至。穰苴曰：「何后期为？」贾谢㉒曰：「不佞㉓大夫亲戚送之，故留。」穰苴曰：「将受命之日则忘其家，临军约束则忘其亲，援枹㉔鼓之急则忘其身。今敌国深侵，邦内骚动，士卒暴露于境，君寝不安席，食不甘味，百姓之命皆悬于君，何谓相送乎！」召军正㉕问曰：「军法㉖期而后至者云何？」对曰：「当斩。」庄贾惧，使人驰报景公，请救。既往，未及反，于是遂斩庄贾以徇三军㉗。三军之士皆振慄㉘。久之，景公遣使者持节㉙赦贾，驰入军中。穰苴曰：「将在军，君令有所不受㉚。」问军正曰：「驰三军法何？」正曰：「当斩。」使者大惧。穰苴曰：「君之使不可杀之。」乃斩其仆㉛，车之左驸㉜，马之左骖㉝，以徇三军。遣使者还报，然后行。士卒次舍㉞井灶饮食问疾医药，身自拊循㉟之。悉取将军之资粮㊱享士卒，身与士卒平分粮食，最比其羸弱㊲者。三日而后勒兵，病者皆求行，争奋出为之赴战。晋师闻之，为罢去。燕师闻之，度水而解㊳。于是追击之，遂取所亡封内㊴故境而引兵归。未至国，释兵旅，解约束，誓盟而后入邑㊵。景公与诸大夫郊迎㊶，劳师成礼，然后反归寝。既见穰苴，尊为大司马㊷。田氏日以益尊于齐。

【注释】

①司马穰苴：以司马为氏，名穰苴。穰苴本为田氏（下文称田穰苴），齐景公尊为大司马后，以官职为氏。《战国策·齐六》记齐湣王杀司马穰苴，与此不同。②田完：陈厉公他之子，见《田敬仲完世家》。穰苴是其后世子孙。③齐景公：齐庄公异母弟杵臼，见《齐太公世家》。④阿：在今山东阳谷东北。甄：通「鄄」，在今山东鄄城北，皆齐邑。⑤河上：燕、

齐交界处的黄河南岸地，约在今河北沧州、德州一带。⑥败绩：溃败。⑦晏婴：齐景公相，见《管晏列传》。⑧庶孽：庶出子孙。⑨说：同「悦」。⑩将军：军队统帅。⑪扞：抵御。⑫擢：提拔。闾伍：里门，亦代指里，古代的里大小不一，为二十五家，或五十家，或一百家；伍只有五家。闾伍是居民的基层居住单位，这里指民间下层。⑬监军：监察军队。⑭旦日：明天。日中：正午。军门：又叫和门，是军营的正门。⑮表：日表，古代测日影计时的标杆。漏：滴漏，古代用滴水计时的工具。⑯监：军监，监察军队的官吏。⑰仆：放倒，与上文「立」相反。决：截断，与上文「下」相反。⑱入：指入军门。⑲勒：控制，驾驭。这里指整顿军队。⑳约束：规定。㉑夕：傍晚以后。㉒谢：道歉。㉓佞：巧言。不佞，歉词，犹言不才。大夫：即上文「左右」，指庄贾的僚属。㉔援：执、持。桴：字亦作「枹」，鼓槌。㉕军正：军中执法之官。㉖军法：古代治军之法，包括军队编制、官吏设置以及爵赏诛罚等规定。㉗徇：巡行示众。三军：古代军队往往分上、中、下或左、中、右三军。㉘振慄：「振」同「震」，震惊战栗。㉙节：符节，传达君命的凭证。㉚君命有所不受：这是古代兵家的一种成说，《孙子·九变》：「君命有所不受。」㉛仆：驾车的人，即驭手，驭手在车上居左。㉜驸：通「辅」，辅是附于车辐的立木，用以加固。㉝骖：驾车时位于两旁的马。㉞次舍：驻扎，《左传》庄公三年：「凡师一宿为舍，再宿为信，过信为次。」㉟拊循：「拊」同「抚」；「循」同「揗」，义为摩，本指抚摩，这里是安抚之义。㊱资粮：「资」同「粢」，与粮同义。㊲最比：标准最接近于。羸：瘦弱。古代廪食制度（口粮配给制度）是按年龄、性别、体力定等次，体弱者口粮标准最低。㊳渡黄河解兵而去。㊴封内：疆界之内。㊵至国、入邑：是说返回国都，进入城里。「入国」必须解除武装，这是古代军礼所要求。㊶郊迎：军队回来，国君要迎接于郊，这也是古代军礼所要求。㊷大司马：东周时期最高的军事长官。

【译文】

司马穰苴是田完的后世子孙。齐景公时，晋国进犯阿和甄，燕国也入侵黄河南岸地，齐国军队大溃败。景公为此忧虑，晏婴因而推荐田穰苴说：『穰苴虽为田氏的庶出子孙，但他这个人，文德可使部下亲附，武略可使敌人畏惧，希望您能验试一下他。』景公召见穰苴，同他讨论军事，大加赞赏，任他为将军，率兵抵御燕晋两国的军队。穰苴说：『臣下出身卑贱，是您把我从民间提拔上来，地位放在大夫之上，士兵并未亲附，百姓也无信任，资望既浅，缺乏权威，希望得到您的宠臣、国内有威望的人来监察军队，只有这样才能办到。』于是景公答应了他的条件，派庄贾前往。穰苴告辞之后，与庄贾约定说：『明天正午在军门外相会。』第二天，穰苴先驰车到达军营，树立日表，打开滴漏，等待庄贾。庄贾一向傲慢自大，喜欢摆架子，认为率领自己的军队而由自己来当军监，不大着急。亲戚僚属为他送别，留下宴饮。直到正午庄贾仍未来。穰苴便放倒日表，截断滴漏，先入『军门』，整顿军队，反复说明各项规定。规定既经确立，到了傍晚，庄贾才到。穰苴问：『为什么迟到？』庄贾道歉说：『本人因为大夫和亲戚相送，所以耽搁了。』穰苴说：『将领从接受任命之日就不顾家庭，从亲临军营申明号令就不顾亲戚，从拿起鼓槌指挥作战就不顾个人安危。现在敌国深入我地，举国骚动，士兵暴露于境内，国君睡不安稳，食不香甜，百姓之命皆系于您一身，还谈得上什么相送呢！』召军正来问：『按照军法，按期不到者应如何处置？』回答是：『应当斩首。』庄贾害了怕，派人驰车报告景公，请求救命。人走了，还没来得及返回，庄贾已被斩首示众于三军。三军士兵皆震惊战栗。过了好一会儿，景公派使者持节来赦免庄贾，车子闯入营垒之中。穰苴说：『将在军中，国君的命令可以不必完全照办。』问军正说：『闯入营垒依法当如何处置？』军正说：『应当斩首。』使者大惊失色。穰苴说：『国君的使者不可以杀。』

便斩了驾车的驭手，砍断车子的左辅，杀死左边的马，示众于三军。派使者回报，然后开拔。士兵安营扎寨，打井砌灶，饮水吃饭，看病抓药，皆亲自过问，以示关怀。把将军的粮食全部拿来与士兵共享，本人与士兵平分粮食，标准最接近于身体瘦弱者。三天之后集合待发，病弱的人都要求前往，奋勇争先要去作战。晋国的军队听说，撤兵而去。燕国的军队听说，也渡河而溃散。于是乘胜追击，收复境内失去的国土率师而归。进入国都之前放下武器，解除规定，盟誓之后才敢进城。景公与众大夫迎之于郊，依礼慰劳军队完毕，然后才返回休息。见到穰苴之后，把他晋升为大司马。田氏从此在齐国日益显赫。

【原文】

已而大夫鲍氏、高、国①之属害之，谮②于景公。景公退穰苴，苴发疾而死。田乞③、田豹之徒由此怨高、国等。其后及田常杀简公④，尽灭高子、国子⑤之族。至常曾孙和⑥，因自立为齐威王⑦，用兵行威，大放⑧穰苴之法，而诸侯朝齐。

【注释】

①鲍氏：齐贵族，据《国语·齐语》韦昭注为「姒姓之后」。高、国：高氏、国氏，也是齐贵族，《潜夫论·志氏姓》以为姜姓。②谮：说坏话。③田乞：即田釐子乞。田豹：田氏庶族。俱见《田敬仲完世家》。④田常：即田成子常（「常」字是避汉文帝刘恒讳改字，《左传》作「恒」），见《田敬仲完世家》。简公：齐景公子壬，见《齐太公世家》。⑤高子、国子：即高氏、国氏。《田敬仲完世家》记田常杀简公之后，「尽诛鲍、晏、监止及公族之彊者」。⑥和：即齐太公和，为田常曾孙，见《田敬仲完世家》。⑦和非齐威王。齐威王名因齐，是和之曾孙。此文有误。⑧放：通仿，仿效。

【译文】

不久大夫鲍氏、高氏、国氏一伙陷害他，向景公进谗言。景公罢退穰苴，穰苴发病而死。田乞、田豹一伙从此怨恨高氏、国氏等。后来田常杀齐简公，全部灭掉高子、国子之族。到田常的曾孙和，便自立为齐威王，用兵作战，显示武力，极力仿效穰苴的兵法，当时诸侯都来朝见齐国。

【原文】

齐威王使大夫追论古者《司马兵法》而附穰苴[1]于其中，因号曰《司马穰苴兵法》[2]。

【注释】

①穰苴：这里指穰苴的兵法。②《司马穰苴兵法》：是由齐大夫追论的古《司马兵法》和穰苴的兵法合并而成。

【译文】

齐威王命大夫们追论古代的《司马兵法》而把穰苴的兵法也附在里面，因此号称《司马穰苴兵法》。

【原文】

太史公曰：余读《司马兵法》，闳廓[1]深远，虽三代[2]征伐，未能竟其义，如其文也，亦少褎[3]矣。若夫穰苴，区区[4]为小国行师，何暇及《司马兵法》之揖让[5]乎？世既多《司马兵法》，以故不论，著穰苴之列传焉。

【注释】

①闳廓：博大。「闳」通「宏」。②三代：夏、商、西周三代。③少褎：褎训大，是稍微有些夸大之义。④区区：狭小不足道。⑤何暇及：哪里赶得上。揖让：拱手相让，指讲求礼仪规定。

【译文】

太史公说：我读《司马兵法》，内容宏大深远，即使夏、商、西周三代的征伐也未能穷尽其义，从文字上看，未免有点夸大。至于穰苴，仅仅是为小国行师用兵，哪里赶得上《司马兵法》的讲求礼仪规定呢？世上流传的《司马兵法》既然很多，所以不复详论，只为穰苴写了传记。

孙子吴起列传

【原文】

孙子武[1]者，齐人也[2]。以兵法[3]见于吴王阖庐。阖庐曰：『子之十三篇[4]，吾尽观之矣，可以小试勒兵[5]乎？』对曰：『可。』阖庐曰：『可试以妇人乎？』曰：『可。』于是许之，出宫中美女，得百八十人。孙子分为二队[6]，以王之宠姬二人各为队长，皆令持戟[7]。令之曰：『汝知而[8]心与左右手背乎？』妇人曰：『知之。』孙子曰：『前，则视心[9]；左，视左手；右，视右手；后，即视背。』妇人曰：『诺。』约束既布，[10]乃设铁钺[11]，即三令五申[12]之。于是鼓之右[13]，妇人大笑。孙子曰：『约束不明，申令不熟，将之罪也。』复三令五申而鼓之左，妇人复大笑。孙子曰：『约束不明，申令不熟，将之罪也；既已明而不如法者，吏士[14]之罪也。』乃欲斩左右队长。吴王从台上观，见且斩爱姬，大骇。趣[15]使使下令曰：『寡人已知将军能用兵矣。寡人非此二姬，食不甘味，愿勿斩也。』孙子曰：『臣既已受命为将，将在军，君命有所不受。』遂斩队长二人以徇[16]。用其次为队长，于是复鼓之。妇人左右前后跪起皆中规矩绳墨[17]，无敢出声。于是孙子使使报王曰：『兵既整齐，王可试下观之，唯王所欲用之，虽赴水火犹可也。』吴王曰：『将军罢休就舍，寡人不愿下观。』孙子曰：『王徒好其言，不能用其实。』于是阖庐知孙子能用兵，卒以为将。西破强楚，入郢，北威齐晋，显名诸侯，孙子与有力焉。

【注释】

①孙子武：本篇为两个孙子作传，先叙孙武，故称孙子武。孙是氏，子是尊称，武是名。②齐人：孙武初为齐人，但后来入吴为将，食采于富春（在今浙江富阳），子孙世居富春。③兵法：用兵之法，这里指孙武的兵书。汉唐时期，人们往往把《孙子兵法》简称为《兵法》。④十三篇：古人往往称孙武的兵书为『十三篇』，今本《孙子兵法》包括《计》《作战》《谋攻》《形》《势》《虚实》《军争》《九变》《行军》《地形》《九地》《火攻》《用间》十三篇。出土银雀山汉简《孙子兵法》与今本篇次不同，并包含若干佚篇，但十三篇也是独立成帙。⑤勒兵：勒是控制、驾驭之义。古代用兵作战以队形（阵法）训练最为重要，这里所谓『勒兵』主要是指队形操练。⑥队：汉代军制以一百人为一队，这里是以九十人为一队。⑦戟：一种合戈、矛为一体的兵器。⑧而：你们，与『汝』同。⑨心：指心口，即胸所向。⑩约束：指上述规定。⑪铁钺：铁同斧，钺是一种大斧。古代将军受命出军，依礼要由国君亲赐斧钺。斧钺是征伐之权的象征，也是用来执法的刑具。⑫三、五：是三番五次之义，乃虚用数字。申：是重复命令的意思。古代册命把二次命令叫作『申命』。⑬古代作战是用金鼓旗指挥动作。这里『鼓之右』是说用鼓来指挥宫女向右。下『鼓之左』同。⑭吏士：即前文『队长』的别名。⑮趣：急忙。⑯徇：巡行示众。⑰规矩：圆规和矩尺。绳墨：准绳和用准绳画线的墨。规矩绳墨是木匠用以制器的工具，这里指队形训练的规定和要求。

【译文】

孙子叫作武的，是齐国人。他以所著兵法求见于吴王阖庐。阖庐说：『您的十三篇我已全部拜读，可以试着为我操演一番吗？』孙子说『可以。』阖庐问：『可用妇女来操演吗？』孙子说：『可以。』于是答应孙子，选出宫中美女，共计一百八十人。孙子把她们分为两队，派王的宠姬二人担任两队的队长，让她们全部持戟。命令她们说：『你们知道你们的心口、左手、右手和背的方向吗？』妇女们说：『知道。』孙子说：『前方是按心口所向，左方是按左手所向，右方是按右手所向，后方是按背所向。』妇女们说：『是。』规定宣布清楚，便陈设斧钺，当场重复了多遍。然后用鼓声指挥她们向右，妇女们大笑。孙子说：『规定不明，申说不够，这是将领的过错。』又重复了多遍，用鼓声指挥她们向左，妇女们又大笑。孙子说：『规定不明，申说不够，是将领的过错；已经讲清而仍不按规定来动作，就是队长的过错了。』说着就要将左右两队的队长斩首。吴王从台上观看，见爱姬将要被斩，大惊失色。急忙派使者下令说：『寡人已知道将军善于用兵了。但寡人如若没有这两个爱姬，吃饭也不香甜，请不要斩首。』孙子说：『臣下既已受命为将，将在军中，国君的命令可以不必完全照办。』于是将队长二人斩首示众。用地位在她们之下的人担任队长，再次用鼓声指挥她们操练。妇女们向左向右向前向后，跪下起立，全都合乎要求，没有一个人敢出声。然后孙子派使者回报吴王说：『士兵已经阵容整齐，大王可下台观看，任凭大王想让她们干什么，哪怕是赴汤蹈火也可以。』吴王说：『将军请回客舍休息，寡人不愿下台观看。』孙子说：『大王只不过喜欢我书上的话，并不能采用其内容。』从此阖庐才知道孙子善于用兵，终于任他为将。吴国西面击破强楚，攻入郢，北威齐、晋，扬名于诸侯，孙子在其中出了不少力。

【原文】

孙武既死①，后百余岁有孙膑②。膑生阿鄄③之间，膑亦孙武之后世子孙也④。孙膑尝与庞涓俱学兵法。庞涓既事魏，得为惠王将军，而自以为能不及孙膑，乃阴使召孙膑。膑至，庞涓恐其贤于己，疾[5]之，则以法刑断其两足而黥之[6]，欲隐勿见[7]。

【注释】

①孙武据说死在吴地，《越绝书·外传·记吴地传》：『巫门外大冢，吴王客齐孙武冢也，去县十里，善为兵法。』②孙膑：膑，可能是因受膑刑（挖去膝盖骨之刑）而得名。③阿：在今山东阳谷东北。鄄：在今山东鄄城北。④《新唐书·宰相世系表》和《古今姓氏书辩证》称孙武有三子驰、明、敌，孙膑是孙明之子和孙武之孙。⑤疾：读为嫉，嫉妒。⑥断其两足：即古刖刑。黥之：刺面染以墨，又叫墨刑。此与《太史公自序》『孙子膑脚』之说稍异。⑦见：读如『现』。是说欲使孙膑不得见人。

【译文】

孙武死后，过了一百多年又有孙膑。孙膑出生在阿、鄄之间，也是孙武的后世子孙。孙膑曾与庞涓一起学习兵法。庞涓为魏国做事因而当上魏惠王的将军，但自认才能不如孙膑，便暗地派人召见孙膑。孙膑到了魏国，庞涓唯恐孙膑超过自己，嫉妒他，而以刑罚砍去他的双脚并施以墨刑，想使他埋没于世不为人知。

【原文】

齐使者如梁[1]，孙膑以刑徒[2]阴见，说[3]齐使。齐使以为奇，窃载与之齐。齐将田忌[4]善而客待之。忌数与齐诸公子驰逐重射[5]。孙子[6]见其马足不甚相远，马有上、中、下辈[7]。于是孙子谓田忌曰：『君弟[8]重射，臣能令君胜。』田忌信然之，与王及诸公子逐射千金[9]。及临质[10]，孙子曰：『今以君之下驷与彼上驷，取君上驷与彼中驷，取君中驷与彼下驷⑪。”既驰三辈毕，而田忌一不胜而再胜，卒得王千金。于是忌进孙子于威王。威王问兵法，遂以为师⑫。

【注释】

①齐：此时的齐已非姜齐而为田齐，在位者为齐威王。梁：即大梁，在今河南开封西北，魏惠王三十一年（公元前339年）自安邑（在今山西夏县西北）徙都至此，从此魏亦称梁，但此时魏尚未称梁。②刑徒：因犯罪而被判罚服劳役的人。③说：以言辞打动人。④田忌：齐之宗族，威王时任为将，荐孙膑于威王。⑤驰逐：用马车竞赛。重射：设重金赌胜。⑥孙子：古代孙武和孙膑皆称孙子，此指孙膑。⑦辈：等。⑧弟：同“第”，是“但”的意思。⑨逐射：即上“驰逐重射”。千金：金是古代的货币单位。秦以一镒（重二十四两）为一金，战国时期的金可能与之接近。千金是很大的数目。⑩临质：箭靶叫质，临质本指临射，这里指比赛即将开始。⑪驷：驾车的四马。这里是劝田忌选择自己三套乘马中的下等对对方的上等，上等对对方的中等，中等对对方的下等。⑫师：军师。

【译文】

齐国使者到大梁来，孙膑以刑徒的身份暗地来见，用言辞打动齐国使者。齐国使者觉得此人不同凡响，暗地用车把他载到齐国。齐国的将军田忌欣赏孙膑而以客礼待之。田忌多次与齐国的诸公子赛马，下重金赌胜。孙子注意到他们的马奔跑能力不相上下，并且都分上、中、下三等。因此孙子对田忌说：“您只管下大注，臣下必能使您获胜。”田忌相信并答应了他，与齐王和诸公子用千金来赌胜，到了临比赛时，孙子说：“请用您的下等乘马对付他们的上等乘马，请用您的上等乘马对付他们的中等乘马，请用您的中等乘马对付他们的下等乘马。”三等乘马全部比赛完毕，结果田忌一场不胜而两场胜，终于得到王的千金之赏。所以田忌把孙子推荐给齐威王。威王向他请教兵法，因而任他为军师。

【原文】

其后①魏伐赵，赵急，请救于齐。齐威王欲将孙膑，膑辞谢曰：『刑余之人②不可。』于是乃以田忌为将，而孙子为师，居辎车③中，坐为计谋。田忌欲引兵之赵，孙子曰：『夫解杂乱纷纠者不控卷④，救斗者不搏撠⑤，批亢捣虚⑥，形格势禁⑦，则自为解耳。今梁⑧赵相攻，轻兵锐卒必竭于外⑨，老弱罢于内⑩。君不若引兵疾走大梁⑪，据其街路⑫，衝其方虚⑬，彼必释赵而自救。是我一举解赵之围而收弊于魏也。』田忌从之，魏果去邯郸⑭，与齐战于桂陵⑮，大破梁军。

【注释】

①其后应为公元前353年。②刑余之人：受过刑的人。③辎车：一种驾牛的载重车。古代军将皆乘战车亲战，孙膑残废，不能乘战车亲战，所以只能居辎车中指挥。④杂乱纷纠：指搏斗的混乱状态。控卷：握拳。卷，同『拳』。⑤搏撠：指击刺。⑥批亢捣虚：其义与避实击虚略同。⑦形、势：是指客观或人为造成的军事态势；格、禁：是指用这种态势去牵制和阻止敌人的行动。⑧梁：指魏。此时魏尚未称梁，称梁是后人追述之言。⑨外：国外。⑩罢：同『疲』。内：国内。⑪大梁：在今河南开封西北。此时魏尚未徙都大梁。⑫街路：指四通八达的战略要冲。⑬衝：同『冲』。方虚：恰好是虚懈的地方。⑭邯郸：赵都，在今河北邯郸市西南。⑮桂陵：魏地，在今河南长垣西。

【译文】

后来魏国攻打赵国，赵国危急，向齐国求援。齐威王想任孙膑为将，孙膑谢绝说：『受过刑的人是不可以的。』

所以任田忌为将，而任孙子为军师，让他坐在辎车中筹画计谋。田忌打算率军前往赵国，孙子说：『劝解纠纷不能挥拳相加，平息争斗不能亲自上手，避实击虚，利用形势来牵制敌人，危难自可解除。现在魏国和赵国正在交战，精锐部队必定全部开往国外，留在国内疲于应付的都是老弱病残。您不如率兵迅速前往大梁，占据要津，冲击敌人正好虚懈的地方，他们必定会放下赵国赶回救援。这样我们就能同时解除赵国之围又使魏国遭受打击。』田忌照他的计谋去做，魏军果然离开邯郸，与齐国会战于桂陵，结果大破魏军。

【原文】

后十三岁[1]，魏与赵攻韩，韩告急于齐[2]。齐使田忌将而往[3]，直走大梁。魏将庞涓闻之[4]，去韩而归，齐军既已过而西矣。孙子谓田忌曰：『彼三晋[5]之兵素悍勇而轻齐，齐号为怯，善战者因其势而利导之[6]。兵法，百里而趣利者蹶上将[7]，五十里而趣利者军半至[8]。使齐军入魏地为十万灶，明日为五万灶，又明日为三万灶[9]。』庞涓行三日，大喜，曰：『我固知齐军怯，入吾地三日，士卒亡者过半[10]矣。』乃弃其步军[11]，与其轻锐倍日并行[12]逐之。孙子度[13]其行，暮当至马陵[14]。马陵道狭，而旁多阻隘，可伏兵，乃斫大树白[15]而书之曰『庞涓死于此树之下』。于是令齐军善射者万弩[16]，夹道而伏，期[17]曰『暮见火举而俱发』。庞涓果夜至斫木下，见白书，乃钻火烛之[18]。读其书未毕，齐军万弩俱发，魏军大乱相失[19]。庞涓自知智穷兵败，乃自刭[20]，曰：『遂成竖子[21]之名！』齐因乘胜尽破其军，虏魏太子申[22]以归。孙膑以此名显天下，世传其兵法。

【注释】

①后十三岁：《史记》记桂陵之战在魏惠王十八年（公元前352年），记马陵之战在魏惠王三十年（公元前340年），

相去十三年。《纪年》记桂陵之战在魏惠王十七年（公元前353年），记马陵之战在魏惠王二十八年（公元前342年），相去十二年。②据《田敬仲完世家》，马陵之役起因于魏伐赵，赵与韩共击魏，赵不利，韩求救于齐。与此说异。③齐威王在位期间任田忌为将，邹忌为相，二人不合，田忌曾被邹忌排挤出亡。《田敬仲完世家》记其事于威王三十五年（公元前322年），谓田忌率其徒袭攻临淄，求邹忌，不胜而奔，至此始召复故位。《战国策·齐一》则记此事于马陵之役后，谓孙膑劝田忌不可解兵入齐，田忌不听，果不入齐，被迫亡走楚国，楚封田忌于江南。二说不同。④银雀山汉简《孙膑兵法·擒庞涓》记庞涓被擒是在桂陵之役，《战国策·齐一》也记庞涓被擒，但是在马陵之役，本书于桂陵之役不提庞涓，而于马陵之役记庞涓被杀。⑤三晋：韩、赵、魏，这里主要是指魏。⑥是说既然魏兵素轻齐兵，不妨伪示以怯。⑦趣利：先敌到达会战地点，取得战势之便。蹶：折损。上将：即上将军。⑧这段话的意思是两军争利，距离愈长，速度愈快，愈难保持行军动作的协调一致，掉队的人愈多。⑨这段话的意思是孙膑为了迷惑魏军，故意仿照军争之法，逐日减少做饭用的灶炊，让魏军以为齐军大量掉队。⑩过半：孙膑减灶从十万至五万又至三万，似其兵力已仅存不足三分之一，故谓『过半』。⑪战国时期，往往采取车兵、骑兵和步兵混同作战，车兵和骑兵行进速度较快而步兵较慢。庞涓以为齐军到达会战地点，兵力尚余不足三分之一，所以敢于丢下行进速度较慢的步兵与齐军争利。⑫轻锐：轻兵锐卒，指速度快、体力好的士兵。倍日并行：缩短日期加快行程。⑬度：揣度，估计。⑭马陵：齐地，在今河北大名东南。一说在今山东莘县西南。⑮斫：用斧斤砍削。白：指削去树皮露出的白木。⑯弩：一种用弩机控制发射的弓。⑰期：约定。⑱烛：照亮。⑲相失：指队形被打乱，士兵失去各自的相对位置，彼此不相连属。古代行军、宿营、作战皆有固定队形，失去队形则不能作战。⑳自刭：割颈自杀。㉑竖子：是骂人话，犹言小子。㉒魏太子申：魏惠王之太子，太子申被虏死于齐。

【译文】

又过了十三年，魏国和赵国攻打韩国，韩国向齐国告急。齐国派田忌率兵前往，直奔大梁。魏将庞涓听到消息，放下韩国赶回，但齐军已经越过齐境而西进。孙子对田忌说：『他们三晋的军队素来剽悍勇武而看不起齐国，齐国有怯懦的名声，善于作战的人只能因势利导。兵法上说，行军百里与敌争利会损失上将军，行军五十里而与敌争利只有一半人能赶到。（为了让魏军以为齐军大量掉队，）应使齐军进入魏国境内后先设十万个灶，过一天设五万个灶，再过一天设三万个灶。』庞涓行军三天，见到齐军所留灶迹，非常高兴，说：『我本来就知道齐军怯懦，入我境内三天，士兵已经逃跑了一大半。』所以丢下步兵，只率轻兵锐卒，用加倍的速度追赶齐军。孙子估计魏军的行军速度，天黑应当赶到马陵。马陵道路狭窄，旁多险阻，可以埋伏兵马，于是把一棵大树削去树皮，露出白木，在上面写上『庞涓死于此树之下』。然后命齐军善射者持上万张弩，埋伏在道路两旁，约定好『天黑见到点着的火就一起放箭』。庞涓果然于夜晚来到削去树皮的大树下，看见树上写着字，便钻木取火来照明。字还没有读完，齐军万弩齐发，魏军大乱失去队形。庞涓自知无计可施，军队已彻底失败，只好自刎，临死说：『总算叫这小子成了名！』齐国乃乘胜全歼魏军，俘虏了魏太子申回国。孙膑因此而名扬天下，世人皆传习他的兵法。

【原文】

吴起者，卫人也①，好用兵。尝学于曾子②，事鲁君。齐人攻鲁，鲁欲将吴起，吴起取齐女为妻，而鲁疑之。吴起于是欲就名，遂杀其妻，以明不与齐也。鲁卒以为将。将而攻齐，大破之。

【注释】

①卫人：《韩非子·外储说右上》：『吴起，卫左氏中人也。』②曾子：据《经典释文叙录》，即曾申。曾申从子夏受《毛诗》，传李克；从左丘明受《左传》，传吴起。曾申是曾参之子，字子西。

【译文】

吴起，是卫国人，喜欢用兵。曾向曾子求学并臣事鲁国国君。齐人攻打鲁国，鲁国想任吴起为将，但吴起娶了齐国女子为妻，而鲁国人怀疑他。当时吴起为了成就功名，竟杀了自己的妻子，以表白自己与齐国没关系。鲁国终于任他为将，率兵攻打齐国，大破齐国。

【原文】

鲁人或恶吴起曰：『起之为人，猜忍[①]人也。其少时，家累千金，游仕不遂[②]，遂破其家。乡党[③]笑之，吴起杀其谤己者三十余人，而东出卫郭门[④]。与其母诀[⑤]，啮臂而盟[⑥]曰：「起不为卿相，不复入卫。」遂事曾子。居顷之，其母死，起终不归。曾子薄之，而与起绝。起乃之鲁，学兵法以事鲁君。鲁君疑之，起杀妻以求将。夫鲁小国，而有战胜之名，则诸侯图鲁矣。且鲁卫兄弟之国也[⑦]，而君用起，则是弃卫。』鲁君疑之，谢[⑧]吴起。

【注释】

①猜忍：猜忌残忍。②游仕：出外找官做。不遂：不遂愿。③乡党：《周礼》所记乡遂居民组织以五族即五百家为党，五州即一万二千五百家为乡，这里是泛指吴起的同乡。④郭门：外城的城门。鲁在卫之东，所以说东出卫郭门。⑤诀：诀别。⑥啮：咬。盟：发誓。⑦鲁的始封君周公旦和卫的始封君康叔封为同胞兄弟，所以称『兄弟之国』。

⑧「谢」，辞退。

【译文】

鲁国有人说吴起的坏话：『吴起的为人，属于猜忌残忍之人。他年轻时，家有千金，出外求仕不顺利，弄得倾家荡产。乡里人都笑话他，吴起竟杀死毁谤自己的三十多人，出卫的郭门东去。临行向他的母亲告别，咬着自己的胳臂发誓说：「我吴起不做卿相，决不再回卫国。」这样吴起求学于曾子。但过了不久，他的母亲去世，吴起却始终也没有回去。曾子看不起他，而与吴起断绝关系。吴起只好去鲁国，学习兵法，求事于鲁国国君。鲁国国君怀疑他（与齐国有关系），吴起又杀妻求将。像鲁国这样的小国而有打胜仗的名声，那么诸侯就要打鲁国的主意了。而且鲁国和卫国是以兄弟相称，我们的国君若起用吴起，那么就等于抛弃卫国。』鲁国国君因而疑心，辞退吴起。

【原文】

吴起于是闻魏文侯①贤，欲事之。文侯问李克②曰：『吴起何如人哉？』李克曰：『起贪而好色，然用兵司马穰苴不能过也。』于是魏文侯以为将，击秦，拔五城。

【注释】

①魏文侯：是魏正式立为诸侯的第一代国君。文侯师事子夏（孔子弟子）、田子方（子贡弟子）、段干木（子夏弟子），并任用李克和吴起（曾是子夏弟子曾申的学生）等人担任要职，魏因此强盛一时。②李克：曾从子夏弟子曾申授《诗》，魏克中山后，李克任中山相，辅佐魏所封中山君子击（《韩非子·外储说左下》《史记·魏世家》《说苑·臣术》《韩诗外传》卷三）。

【译文】

当时吴起听说魏文侯贤明，想去投靠他。魏文侯问李克说：『吴起是个什么样的人？』李克说：『吴起贪财好色，但用兵即使司马穰苴也超不过他。』因此魏文侯任吴起为将，进攻秦国，拔取秦的五座城池。

【原文】

起之为将①，与士卒最下者同衣食。卧不设席②，行不骑乘，亲裹③赢粮，与士卒分劳苦。卒有病疽④者，起为吮⑤之。卒母闻而哭之。人曰：『子卒也，而将军自吮其疽，何哭为？』母曰：『非然也。往年吴公吮其父，其父战不旋踵⑥，遂死于敌。吴公今又吮其子，妾⑦不知其死所矣。是以哭之。』

【注释】

①之：介词，无实义。②席：是用蒲草编的卧垫，比较讲究。③裹：用囊来包裹。赢：担负。④疽：脓疮。⑤吮：吸。⑥旋：旋转。踵：脚跟。『战不旋踵』，是说决不退逃。⑦妾：古代妇女自称的谦辞。

【译文】

吴起担任将领，与士兵最下层吃饭穿衣同一标准。睡觉不铺卧席，走路不乘车子，亲自捆扎和担负粮食，与士兵分担劳苦。有个士兵长了脓疮，吴起为他吸脓，士兵的母亲听说后就哭了。别人对他说：『你的儿子不过是普通士兵，而将军却亲自为你的儿子吸脓，你为什么要哭呢？』这位母亲说：『我并不是哭这个。前些年吴公曾为孩子的父亲吸脓，他的父亲打起仗来勇往直前，绝不后退，结果被敌人杀死。吴公现在又来给他的儿子吸脓，贱妾真不知道他会死在哪里，所以才哭。』

【原文】

文侯以吴起善用兵，廉平[①]，尽能得士心，乃以为西河[②]守，以拒秦、韩。

【注释】

①廉平：廉洁公平。②西河：魏文侯所置郡，地在黄河之西，辖境有今陕西华阴以西，黄河以南，洛河以东。守：郡守，郡的长官。

【译文】

魏文侯因吴起善于用兵，廉洁公平，能取得士兵的拥戴，所以任他为西河郡守，命他防御秦、韩两国的进攻。

【原文】

魏文侯既卒，起事其子武侯[①]。武侯浮西河[②]而下，中流[③]，顾而谓吴起曰：『美哉乎山河之固，此魏国之宝也！』起对曰：『在德不在险。昔三苗氏左洞庭[④]，右彭蠡[⑤]，德义不修，禹灭之[⑥]。夏桀之居，左河济[⑦]，右泰华[⑧]，伊阙[⑨]在其南，羊肠[⑩]在其北，修政不仁，汤放之[⑪]。殷纣之国，左孟门[⑫]，右太行[⑬]，常山[⑭]在其北，大河[⑮]经其南，修政不德，武王杀之。由此观之，在德不在险。若君不修德，舟中之人尽为敌国也。』武侯曰：『善。』

【注释】

①武侯：名击，见本书《魏世家》。今本《吴子》多载武侯与吴起问答之辞。②西河：指今陕西、山西之间的黄河。③中流：水流当中。④三苗氏：上古南方古部族名，传说是缙云氏之后。洞庭：今之洞庭湖。⑤彭蠡：今之

鄱阳湖。⑥禹灭三苗，见《墨子·非攻》。⑦河济：黄河东段和济水，在夏中心活动区的东面，故称「左」。⑧泰华：泰应指今山西境内的霍山，霍山古亦名霍太山或霍泰山，若指为今山东境内的泰山，则应称「左」而不应称「右」；华指华山。霍山和华山在夏中心活动区的西面，故称「右」。⑨伊阙：伊阙山，在河南洛阳市南，亦名龙门。⑩羊肠：羊肠坂，太行山古道名，在今山西晋城南。⑪本书《夏本纪》：「汤遂率兵以伐夏桀。桀走鸣条，遂放而死。」⑫孟门：山名，在今河南辉县西。⑬太行：太行山。⑭常山：即恒山，在今河北曲阳西北与山西接壤处。「常」字是汉代避汉文帝刘恒讳所改。⑮大河：指黄河中游。

【译文】

魏文侯死后，吴起又臣事他的儿子武侯。武侯乘船顺西河而下，行至水流当中，回头对吴起说：「山河险固多么壮丽，这真是魏国最宝贵的东西呀！」吴起回答说：「重要的是道德而不是险固。从前三苗氏左有洞庭，右有彭蠡，因为不讲求道德礼义，禹灭亡了他。夏桀的国土，左有黄河济水，右有泰山、华山，伊阙在他的南面，羊肠在他的北面，不行仁政，汤放逐了他。殷纣的国土，左有孟门山，右有太行山，恒山在他的北面，大河流经他的南面，不行德政，武王杀了他。从这些看来，重要的是道德而不是险固。如果您不讲求道德，今天船上的人将来都会变成敌国的人。」武侯说：「讲得好。」

【原文】

吴起为西河守，甚有声名。魏置相[1]，相田文[2]。吴起不悦，谓田文曰：「请与子论功，可乎？」田文曰：「可。」起曰：「将三军[3]，使士卒乐死，敌国不敢谋，子孰与起？」文曰：「不如子。」起曰：「治百官，亲万民，实府库，子孰与起？」文曰：「不如子。」起曰：「守西河而秦兵不敢东乡④，韩赵宾从⑤，子孰与起？」文曰：「不如子。」起曰：「此三者，子皆出吾下，而位加吾上，何也？」文曰：「主少国疑，大臣未附，百姓不信，方是⑥之时，属之于子乎？属之于我乎？」起默然良久，曰：「属之子矣。」文曰：「此乃吾所以居子之上也。」吴起乃自知弗如田文。

【注释】

①相：相邦，战国以来辅佐国君的最高官职。②田文：以下采《吕氏春秋·执一》，但《吕氏春秋》作「商文」。③三军：古代军队往往分上、中、下或左、中、右三军。④乡：同「向」。⑤宾从：归顺服从。⑥方是：当此。

【译文】

吴起任西河郡守，很有名气。魏国选任相邦，以田文为相。吴起不高兴，对田文说：「请让我与您比比功劳，行不行？」田文说：「可以。」吴起说：「率领三军，使士兵乐于效死拼命，敌国不敢打我国的主意，您比得上我吗？」田文说：「不如您。」吴起说：「治理百官，亲和万民，充实府库，您比得上我吗？」田文说：「不如您。」吴起说：「守西河，令秦兵不敢东向，韩、赵归顺，您比得上我吗？」田文说：「不如您。」吴起说：「这三点，您都在我之下，而职位反而在我之上，是何道理？」田文说：「国君年幼，国人疑虑，大臣尚未亲附，百姓尚未信任，当此之时，是把国政交给您呢？还是交给我呢？」吴起沉默了半天，说：「应该交给您。」田文说：「这就是为什么我的地位会在您之上。」吴起这才知道自己不如田文。

【原文】

田文既死，公叔①为相，尚魏公主②，而害吴起③。公叔之仆曰：『起易去也。』公叔曰：『奈何？』其仆曰：『吴起为人节廉而自喜名也。君因先与武侯言曰：「夫吴起贤人也，而侯之国小，又与强秦壤界④，臣窃恐起之无留心也。」武侯即曰：「奈何？」君因谓武侯曰：「试延⑤以公主，起有留心则必受之，无留心则必辞矣。以此卜之。」君因召吴起而与归，即令公主怒而轻君。吴起见公主之贱君也，则必辞⑥。』于是吴起见公主之贱魏相，果辞魏武侯。武侯疑之而弗信也。吴起惧得罪，遂去，即之楚。

【注释】

①公叔：《索隐》以为韩之公族，《史记志疑》以为即《战国策·魏一》帅师与韩、赵战于浍北之公叔痤。②尚：娶公主叫尚。公主：国君之女。③《吕氏春秋·长见》谓害吴起去魏入楚的是王错。④壤界：接壤连界。⑤延：介绍，指使吴起尚公主。⑥谓吴起见公叔所尚公主贱公叔，则必不受公主，而不受公主则表明他没有留下之心。

【译文】

田文死后，公叔任丞相，娶魏国公主，而陷害吴起。公叔的仆人说：『吴起很容易除掉。』公叔说：『如何下手？』他的仆人说：『吴起为人廉洁自爱。您可以先对武侯去讲：「吴起是个贤人，而您的国土太小，又与强秦国为邻，臣下担心吴起不会有久留之心。」武侯会说：「那么怎么办呢？」您就对武侯说：「可把公主嫁给他作为试探，吴起愿意留下就会接受，不愿留下就会拒绝，用这种办法考验他。」您再召吴起一起回家。然后让您那位公主对您发脾气表示看不起您。吴起见您那位公主看不起您，便一定会拒绝娶公主。』后来吴起看到这位公主看不起魏国的相邦，果然拒绝了魏武侯。武侯也起了疑心，不再信任他。吴起害怕因此而获罪，只好离开到楚国去。

【原文】

楚悼王素闻起贤①，至则相楚②。明法审令，捐不急之官，废公族③疏远者，以抚养战斗之士。要在强兵，破驰说之言从横④者。于是南平百越⑤；北并陈蔡⑥，却三晋；西伐秦。诸侯患楚之强。故⑦楚之贵戚尽欲害吴起。及悼王死，宗室大臣作乱而攻吴起，吴起走之王尸而伏之。击起之徒因射刺吴起，并中悼王。悼王既葬，太子⑧立，乃使令尹⑨尽诛射吴起而并中王尸者。坐射起而夷宗⑩死者七十余家。

【注释】

①吴起入楚应在楚悼王七年，即魏武侯元年（公元前395年，《六国年表》作魏文侯三十年，此从《纪年》）之后，估计是在楚悼王在位期间的后半期。②楚相称令尹。③公族：指楚王的宗族。这种宗族随着世代的增加，分支愈来愈多，成为国家财政的重要负担。吴起主张废去其中比较疏远的分支。④纵横：合纵连横，合纵是联合众弱以攻一强，连横是事一强以攻众弱。⑤百越：古代南方以越为名的族群系统，如东越、闽越、瓯越、西越、骆越等。百越主要分布在今江浙闽粤等省。⑥楚并陈为楚惠王十一年（公元前478年），并蔡为楚惠王四十二年（公元前447年），均在此之前。此说亦见《战国策·秦三》。⑦故：旧时的。⑧太子：即楚肃王。⑨令尹：楚国执政大臣称令尹。⑩坐：获罪。夷宗：灭宗。

【译文】

楚悼王一向听说吴起贤能，一到楚国就让他当上楚国的相邦。吴起申明法令，裁撤多余的官吏，废除楚公族中的疏远子孙，把节省下的经费用于养兵。目的在于使军队强大，打击用纵横之说游说的人。因此南平百越；北并陈、蔡，迫使三晋退却；西伐秦。诸侯都忧虑楚国的强大。原来楚国的贵族都想害死吴起。等到悼王死后，宗室大臣作乱，讨伐吴起，吴起跑到悼王停尸的地方，趴在悼王身上。讨伐吴起的人由于射、刺吴起，也击中悼王的尸体。悼王被埋葬之后，太子即位，命令尹把射、刺吴起而连带击中悼王的尸体的人全部处死。因射、刺吴起而被灭族的人有七十多家。

【原文】

太史公曰：世俗所称师旅[①]，皆道《孙子》十三篇[②]，吴起《兵法》[③]，世多有，故弗论，论其行事所施设者。语[④]曰：『能行之者未必能言，能言之者未必能行。』孙子筹策[⑤]庞涓明矣，然不能蚤救患于被刑[⑥]。吴起说武侯以形势不如德[⑦]，然行之于楚，以刻暴少恩亡其躯[⑧]。悲夫！

【注释】

①师旅：军旅之事。②即今《孙子兵法》十三篇。③《汉书·艺文志·兵书略》著录《吴起》四十八篇，《隋书·经籍志》《新唐书·艺文志》所录则仅一卷今本《吴子》，《郡斋读书志》云『唐陆希声类次』，是后人整理过的一种删节本，分三卷，包括《图国》《料敌》《治兵》《论将》《应变》《励士》六篇。④语：谚语。⑤孙子：指孙膑。筹策：是古人用来计数的工具，多用竹木小棍做成，古人行师用兵多用此种工具计算敌我优劣，叫作定计、运筹、决策等等，这里指算计、预料。⑥被刑：指受膑刑。⑦即上武侯浮西河吴起所对。⑧刻暴少恩：刻薄残暴，缺少仁爱之心。

【译文】

太史公说：只要世人一讲起行师用兵，都要称道《孙子》十三篇，吴起的《兵法》，世上也流传得很多，所以不复详论，只谈他们的作为建树。谚语说：『能实际去做的人未必能高谈阔论，能高谈阔论的人未必能实际去做。』孙子料算庞涓是相当机智的，但却不能使自己从一开始就免遭刑罚。吴起为魏武侯论说山川形势不如道德重要，但用之于楚国，却是以刻薄残暴、缺乏仁爱而丧命。太可悲了！

伍子胥列传

【原文】

伍子胥者，楚①人也，名员。员父曰伍奢。员兄曰伍尚。其先曰伍举②，以直谏事楚庄王，有显③，故其后世有名于楚。

【注释】

①楚：周的诸侯国，春秋时的疆域，西北到武关（今陕西商县东），东南到昭关（今安徽含山北），北到今河南南阳一带，南到今洞庭湖以南地区，都城在郢（今湖北江陵）。②先：先祖。《左传》昭公十九年（公元前523年）注云，伍举为伍奢之父。③楚庄王：楚穆王之子熊侣，公元前613年至前591年在位。

【译文】

伍子胥是楚国人，名叫员。他的父亲叫伍奢，他的哥哥叫伍尚。他们的祖上有个叫伍举的，是楚庄王的大臣，以敢于直言劝谏，声望显赫，所以他的后代在楚国也就很有名气。

【原文】

楚平王①有太子名曰建，使伍奢为太傅，费无忌②为少傅。无忌不忠于太子建。平王使无忌为太子取③妇于秦，秦女好④，无忌驰归报平王曰：『秦女绝⑤美，王可自取，而更为太子取妇。』平王遂自取秦女而绝爱幸⑥之，生子轸⑦。更为太子取妇。

【注释】

①楚平王：楚共王之子，康王、灵王之弟熊居（弃疾），公元前528年至前516年在位。②费无忌：《左传》作『费无极』。③取：通『娶』。④好：貌美。⑤绝：极。⑥幸：专指君王的宠爱。⑦轸：《楚世家》作『珍』，《左传》又作『壬』。

【译文】

楚平王的太子名叫建，平王派伍奢做他的太傅，费无忌做他的少傅。然而费无忌却不忠于太子建。平王让费无忌到秦国去为太子建娶亲，那位秦国的女子长得很漂亮，费无忌跑回来报告平王说：『那位秦国的女子实在是绝顶的美貌，大王可以自己娶过来，另外再替太子娶个妻子。』平王便自己娶了那位秦国的女子，对她极为宠爱，后来生了一个儿子，名叫轸。平王又另外给太子娶了一个妻子。

【原文】

无忌既以秦女自媚于平王，因去①太子而事平王。恐一旦平王卒而太子立，杀己，乃因谗太子建。建母②，蔡女也，无宠于平王。平王稍益疏建，使建守城父③，备边兵。

【注释】

①去：离开。②建母，蔡女也：楚平王为大夫时出使蔡国，蔡国郹阳（郹，今河南新蔡一带）地方封人（官名，掌疆界标志）的女儿，同他私奔，生太子建。此时已失宠。③城父：故地在今安徽亳县东南。

【译文】

费无忌既然用那位秦国的女子向平王献媚讨好，因此就离开了太子而去侍奉平王。他担心有朝一日平王死了而太子继位为王，会杀掉自己，所以就极力诋毁太子建。太子建的母亲是蔡国人，平王本来就不喜欢她。渐渐地平王越来越疏远太子建，将他派去驻守城父，守卫边疆。

【原文】

顷之①，无忌又日夜言太子短②于王曰：『太子以秦女之故，不能无怨望③，愿王少④自备也。自太子居城父，将⑤兵，外交诸侯，且欲入为乱矣。』平王乃召其太傅伍奢考问⑥之。伍奢知无忌谗太子于平王，因曰：『王独奈何以谗贼⑦小臣疏骨肉之亲乎？』无忌曰：『王今不制，其事成矣。王且见禽⑧。』于是平王怒，囚伍奢，而使城父司马奋扬⑨往杀太子。行未至，奋扬使人先告太子：『太子急去，不然将诛。』太子建亡奔宋。

【注释】

①顷之：不久，一会儿。②短：过错，缺点。③望：怨，怨恨。④少：稍。⑤将：统率，率领。⑥考问：审问，核查。⑦独：表示反问的副词，有『难道』『却』的意思。谗贼：指诋毁、陷害好人。⑧见：表示『被』的助词。禽：通『擒』。⑨城父司马：职官名，城父的军事长官。奋扬：《左传》昭公二十年（公元前522年）记楚平王追问奋扬，

为何放走太子建。奋扬答道，君王曾命令我，侍奉太子要像侍奉您一样；有了这前一个命令，我就不忍心去执行后一个命令，所以放走了太子建。楚王终于赦免奋扬，让他担任原职。

【译文】

不久，费无忌又一天到晚地在平王面前讲太子的坏话。他说：『太子建因为那秦国女子的缘故，不能没有怨恨，希望大王多少要防备一点。自从太子到了城父，统领着军队，对外又与诸侯各国结交往来，他是准备着将要回都城来作乱呢！』平王就召来太子太傅伍奢审问。伍奢知道是费无忌在平王面前说了太子的坏话，因此便说：『大王为什么竟要相信那心黑口毒、拨弄是非的小臣，疏远了至亲的骨肉之情呢？』费无忌说：『大王如果现在不制裁他们，他们的阴谋就要成功了。大王将很快被他们捉起来的。』于是，平王大为恼怒，把伍奢关进了监牢，又派城父司马奋扬去杀太子。奋扬在还没有到城父之前，就派人先去告诉太子，说：『太子赶快走，不然将被杀。』太子建便逃到宋国去了。

【原文】

无忌言于平王曰：『伍奢有二子，皆贤，不诛且为楚忧。可以其父质而召之，不然且为楚患。』王使使谓伍奢曰：『能致[1]汝二子则生，不能则死。』伍奢曰：『尚为人仁，呼必来。员为人刚戾忍询[2]，能成大事，彼见来之并禽，其势必不来。』王不听，使人召二子曰：『来，吾生汝父[3]；不来，今杀奢也。』伍尚欲往，员曰：『楚之召我兄弟，非欲以生我父也，恐有脱者后生患，故以父为质，诈召二子。二子到，则父子俱死。何益父之死？往而令仇不得报耳。不如奔他国，借力以雪[4]父之耻，俱灭，无为[5]也。』伍尚曰：『我知往终不能全父命。然恨[6]父召我以求生而不往，后不能雪耻，终为天下笑耳。』谓员：『可去矣！汝能报杀父之仇，我将归死。』尚既就执⑦，使者捕伍胥。伍胥贯弓⑧执矢向使者，使者不敢进，伍胥遂亡。闻太子建之在宋，往从之。奢闻子胥之亡也，曰：『楚国君臣且苦兵⑨矣。』伍尚至楚，楚并杀奢与尚也。

【注释】

①致：招来，使……到来。②刚戾：勇猛坚强。忍询：能忍受屈辱。询：同『诟』，耻辱。③生汝父：使你们的父亲活下去。生，是使动用法。④雪：洗掉。⑤无为：无所作为，指无法为父报仇雪耻。一说读如『毋为』，亦通。⑥恨：感到遗憾。以下全句都是『恨』的内容。⑦就执：犹言『就擒』，接受吏人逮捕。⑧贯弓：张满了弓，是一种立即要发射的姿势。⑨苦兵：为战争所苦，指蒙受战争的痛苦。

【译文】

费无忌对平王说：『伍奢有两个儿子，都很有本事，如果不把他们杀掉，将是楚国的祸害。可以拿他们的父亲作人质，把他们召来，不然的话将是楚国的后患。』平王派人对伍奢说：『你要是能把你的两个儿子叫来，就饶你一命；要是不能的话，就把你处死。』伍奢说：『我的长子伍尚为人仁慈善良，叫了他，他一定会来的。我的次子伍员为人坚韧不拔，忍辱负重，能干大事，他知道来了会一道给抓起来，势必是不会来的。』楚王不听这些，派人去召伍尚、伍员，说：『你们来了，我就饶你们的父亲活命；你们不来，我现在就杀了你们的父亲。』伍尚准备要去，伍员说：『楚王之所以要召我们兄弟去，并不是真的让我们的父亲活命，只不过是怕我们逃脱了，以后留下祸患，因此用父亲作人质，把我们两个骗去。我们两个一到，就父子一块儿处死。这对于父亲又有什么益处呢？应召而去，只能使得我们无法报仇。

不如去投奔别的国家，借他们的力量为父亲报仇雪恨。现在一起去死掉，就什么也干不成了。』伍尚说：『我也知道，我们即使去了也终究不能保全父亲的性命。然而现在父亲为了保全性命而召我前去，我却不去；以后又不能报仇雪恨，结果被天下人耻笑，这将使我非常痛苦。』伍尚对伍员说：『你就逃走吧！你能够报杀父之仇，我就去死了吧！』伍尚已被捕，使者又要捕捉伍子胥。伍子胥拉开了弓，搭上了箭对准使者，使者不敢上前，伍子胥便逃走了。他听说太子建在宋国，就到了宋国，和太子建在一起。伍奢听说子胥逃走了，就说道：『楚国的君臣从此以后将要为战争而吃苦头了。』伍尚到了国都，平王便把伍奢和伍尚一齐给杀掉了。

【原文】

伍胥既至宋，宋有华氏之乱①，乃与太子建俱奔于郑②。郑人甚善之。太子建又适晋③，晋顷公④曰：『太子既善郑，郑信太子。太子能为我内应，而我攻其外，灭郑必矣。灭郑而封太子。』太子乃还郑。事未会⑤，会自私欲杀其从者⑥，从者知其谋，乃告之于郑。郑定公与子产⑦诛杀太子建。建有子名胜。伍胥惧，乃与胜俱奔吴⑧。到昭关⑨，昭关欲执之。伍胥遂与胜独身步走，几不得脱。追者在后。至江⑩，江上有一渔父乘船，知伍胥之急，乃渡伍胥。伍胥既渡，解其剑曰：『此剑直⑪百金，以与父。』父曰：『楚国之法，得伍胥者赐粟五万石，爵执珪⑫，岂徒百金剑邪！』不受。伍胥未至吴而疾，止中道⑬，乞食。至于吴，吴王僚⑭方用事，公子光⑮为将。伍胥乃因公子光以求见吴王。

【注释】

①华氏之乱：鲁昭公二十年（公元前522年）宋元公与执政大臣华定、华亥、向宁等矛盾加剧，发生内乱。华定等杀公子寅等六人，并拘禁太子等为人质。宋元公则拘禁华氏等人之子为质。冬，宋元公杀掉人质，攻打华氏，华、

向等逃亡陈国。②郑：周的诸侯国。春秋时的郑国，都城在新郑（今河南新郑），疆域在今河南省中部一带。③晋：周的诸侯国，始封的国君是周成王的弟弟唐叔虞。当时，国都在新绛（今山西侯马西南），疆域包括今山西大部，河北西南部，河南北部及陕西一角。④晋顷公：姓姬名去疾，公元前525年至前512年在位。⑤会：机会，时机。指未准备就绪。⑥会自私欲杀其从者：恰巧遇到因为个人的私事想要杀掉一个跟随他的人。会，适逢，正好。⑦郑定公：姓姬名宁，公元前529年至前514年在位。子产：即公孙侨，春秋时著名的政治家。自郑简公时为执政大臣，经历数朝，声公五年（公元前496年）卒。⑧吴：周的诸侯国，周太王之子太伯、仲雍为让位于文王而出走，其后建立吴国。都城在吴（今江苏苏州），疆域包括今江苏大部及安徽、浙江一部。⑨昭关：楚国东部边境的关卡，故址在今安徽省含山县北小岘山上。⑩江：长江。⑪直：通『值』。⑫执珪：楚国的爵位名。『珪』是一种尖头的长方形的玉石礼器。⑬中道：半路上。⑭吴王僚：吴王余眜之子，公元前526年至前515年在位。『用事』，当权，执政。⑮公子光：吴王诸樊之子，即后来的吴王阖庐。

【译文】

伍子胥到宋国之后，正遇上宋国发生内乱，宋元公与执政大臣华氏等相互攻打。伍子胥就和太子建一道跑到郑国。郑国对他们很好。太子建又到晋国去，晋顷公说：『太子既然与郑国相友善，郑国也很信任太子，如果太子能为我做内应，我从外面来进攻，那我们一定能够把郑国灭掉。灭掉郑国，就封给太子。』太子便回到了郑国，事情还没有准备就绪，适逢太子因为一件私事要杀掉他的一个随从。这个随从知道他们的密谋，就把这件事报告了郑国。郑定公和子产杀了太子建。太子建有个儿子名叫胜。事发后，伍子胥害怕了，便与胜一起逃往吴国。到了昭关，昭关的守吏想捉住他们。伍胥只好与胜独身步行，几乎不能逃脱。追捕他们的人紧跟在后，伍子胥逃到江边上，江上恰有一位渔翁划船而来，知道伍子胥情势紧急，就将他摆渡过江。伍子胥过江以后，解下佩剑说：『这柄剑价值百金，就送给您老吧！』渔翁说：『楚国的法令规定，捉到伍子胥的人赐给粟米五万石，封予执珪之爵，那又何止一把值百金的宝剑呢！』不肯接受伍子胥的剑。伍子胥还没有走到吴国都城就生起病来，只好半道上停下来，讨饭度日。到了吴国都城，正是吴王僚在掌权，公子光做将军。伍子胥便通过公子光的关系求见了吴王僚。

【原文】

久之，楚平王以其边邑钟离与吴边邑卑梁氏[1]俱蚕，两女子争桑相攻，乃大怒，至于两国举兵相伐。吴使公子光伐楚，拔其钟离、居巢[2]而归。伍子胥说[3]吴王僚曰：『楚可破也。愿复遣公子光。』公子光谓吴王曰：『彼伍胥父兄为戮于楚，而劝王伐楚者，欲以自报其仇耳。伐楚未可破也。』伍胥知公子光有内志[4]，欲杀王而自立，未可说以外事，乃进专诸[5]于公子光，退而与太子建之子胜耕于野。

【注释】

①钟离、卑梁氏：皆以地名为氏。『钟离』故地在今安徽省凤阳县东；『卑梁』故地在今安徽省天长市西。

②居巢：故地在今安徽省巢县以北。③说：说服。④内志：内图之志，指夺取王位。⑤专诸：吴堂邑（今江苏六合北）人，后为公子光刺杀吴王僚，自己亦被吴王左右杀死。事详本书《刺客列传》。

【译文】

过了较长的时候，楚、吴边境发生了冲突。楚国边境地方的钟离与吴国边境地方的卑梁氏，都以养蚕为业，两个女子采桑时相互争抢打了起来，楚平王对此大为气愤，以至于闹到两国动用军队厮杀起来。吴派公子光进攻楚国，攻克了钟离、居巢两地，收兵回国。伍子胥对吴王僚说：『现在正可以一举攻破楚国，希望再派公子光率军伐楚。』公子光却对吴王僚说：『那伍子胥因为父兄都被楚王杀了，所以劝说大王攻打楚国，他只不过是想替自己报仇而已。进攻楚国并不能一举攻破。』伍子胥知道公子光在国内有自己的谋划，想杀掉吴王僚而自己立为王，在这种情形下不便向他讲对外采取行动的事，便推荐了一位名叫专诸的勇士给公子光，自己与太子建之子胜隐退到乡下种田去了。

【原文】

五年而楚平王卒。初，平王所夺太子建秦女生子轸，及平王卒，轸竟立为后，是为昭王①。吴王僚因楚丧，使二公子②将兵往袭楚。楚发兵绝吴兵之后，不得归。吴国内空，而公子光乃令专诸袭刺吴王僚而自立，是为吴王阖庐。阖庐既立，得志，乃召伍员以为行人③，而与④谋国事。

【注释】

①及平王卒，轸竟立为后，是为昭王：楚平王在位十三年去世，将军子常欲立平王庶弟、令尹子西，子西不肯，乃立太子轸，即昭王。②二公子：指公子盖余（一作掩余）、烛庸。③行人：职官名。周官有大行人、小行人，掌诸侯朝觐、宾客礼仪事务。④与：参与。

【译文】

过了五年，楚平王死了。当初，平王从太子建那里夺走的秦国女子生下的儿子叫轸，等到平王死了，轸便即位为王，这就是昭王。吴王僚趁着楚国有丧事，派遣两位公子率军去偷袭楚国。楚国派军队堵住了吴军的后路，使吴军无法退回。吴国国内空虚，公子光就让专诸突然袭击刺杀了吴王僚。公子光自立为王，这就是吴王阖庐。阖庐做了吴王，志满意得，就召回伍员任命他为『行人』之官，参与国家大政的谋划。

【原文】

楚诛其大臣郤宛、伯州犁，伯州犁之孙伯嚭[①]亡奔吴，吴亦以嚭为大夫。前王僚所遣二公子将兵伐楚者，道绝不得归。后闻阖庐弑王僚自立，遂以其兵降楚，楚封之于舒[②]。阖庐立三年，乃兴师与伍胥、伯嚭伐楚，拔舒，遂禽故吴反二将军。因欲至郢，将军孙武曰：『民劳，未可，且待之。』乃归。

【注释】

①郤宛：伯州犁之子。伯州犁：晋伯宗之子。伯嚭：郤宛之子。楚昭王元年（公元前515年），因费无忌陷害，令尹子常将兵攻郤氏。郤宛自杀，郤氏族党尽为杀灭。此处衍『伯州犁』三字。②舒：故地在今安徽省舒城县一带。

【译文】

楚国杀掉了它的大臣郤宛和伯州犁。伯州犁的孙子伯嚭逃出了楚国，投奔了吴国。吴王也任命伯嚭做大夫。前吴王僚派遣两位公子率领军队进攻楚国，被切断了后路而不能撤回。后来，他们听说阖庐杀了吴王僚自立为王，就带着军队投降了楚国，楚国将他们封在舒。阖庐为王三年，出动军队与伍子胥、伯嚭进攻楚国，攻克了舒地，活捉了以前叛吴降楚的两个将军。本来准备乘胜进军郢都，将军孙武说：『人民已经很疲劳了，不能再继续作战了，暂且等一等吧！』于是吴军便返回国中。

【原文】

四年[①]，吴伐楚，取六与灊[②]。五年，伐越[③]，败之。六年，楚昭王使公子囊瓦[④]将兵伐吴。吴使伍员迎击，大破楚军于豫章[⑤]，取楚之居巢。

【注释】

①四年：阖庐四年，公元前511年。②六：故地在今安徽省六安市一带。古六国传为皋陶之后所封之地。灊：一作『潜』，故地在今安徽省霍山县一带。③越：古国名，传夏后帝少康封其庶子于越，都会稽（今浙江绍兴）。春秋末，国势强盛，一度称雄中国。④囊瓦：即令尹子常，楚庄王子子囊之孙，后因与吴军作战屡失利，出奔郑。⑤豫章：古地域名，包括今长江以北、淮河以南、汉水以东的地区。

【译文】

阖庐四年，吴国又进攻楚国，占领了六与灊两地。五年（公元前510年），吴国进攻越国，又打败了越国。六年（公元前509年），楚昭王派公子囊瓦率军进攻吴国。吴国派伍员迎战，在豫章把楚军打得大败，攻占了楚国的居巢。

【原文】

九年，吴王阖庐谓子胥、孙武曰：『始子言郢未可入，今果何如？』二子对曰：『楚将囊瓦贪，而唐[①]、蔡皆怨之。王必欲大伐之，必先得唐、蔡乃可。』阖庐听之，悉兴师与唐、蔡伐楚，与楚夹汉水而陈[②]。吴王之弟夫概将兵请从，王不听，遂以其属五千人击楚将子常。子常败走，奔郑。于是吴乘胜而前，五战，遂至郢。己卯[③]，楚昭王出奔。庚辰[④]，吴王入郢。

【注释】

①唐：周诸侯国，故地在今湖北省随州西北唐河镇。因参与伐楚，公元前505年为楚所灭。②陈：同『阵』，列阵。③己卯：据《左传》定公四年，时为十一月己卯日。④庚辰：己卯之翌日。

【译文】

阖庐九年（公元前506年），吴王阖庐对伍子胥、孙武说：『先前你们说过不能去攻打郢都，现在能行了吗？』两人答道：『楚国的将军囊瓦很贪婪，（由于向唐侯和蔡侯勒索财物，）唐国和蔡国都很恨他。大王一定要大举进攻楚国，必须先取得唐国和蔡国的支持。』阖庐听了他们的话，动员了全部军队，联合了唐、蔡两国，进攻楚国。吴军与楚军在汉水两岸沿江对阵。吴王的弟弟夫概带兵要求参加战斗，吴王不同意，夫概便率领他手下的五千兵士向楚将子常发动进攻。子常战败而逃，跑到郑国去了。于是，吴国的大军乘胜前进，一连打了五仗，兵临郢都。己卯这一天，楚昭王逃离郢都。第二天庚辰，吴王进入郢都。

【原文】

昭王出亡，入云梦①；盗击王，王走郧②。郧公③弟怀曰：『平王杀我父，我杀其子，不亦可乎！』郧公恐其弟杀王，与王奔随④。吴兵围随，谓随人曰：『周之子孙在汉川⑤者，楚尽灭之。』随人欲杀王，王子綦⑥匿王，己自为王以当之。随人卜与王于吴，不吉，乃谢吴不与王。

【注释】

①云梦：古泽薮名。古云梦泽在今湖北省武汉市以西、江陵县以东的大片地区。②郧：古国名，故地在今湖北

省安陆市一带。③郧公：指斗辛。其父斗成然，曾有德于楚王，后以贪求无厌于公元前528年为楚平王所杀。楚王另封斗辛于郧，表示不忘旧勋。④随：古国名，故地在今湖北省随州。⑤汉川：指汉水流域的广大地区。⑥王子綦：一作『子期』，因与楚昭王容貌相像，故得以冒充昭王。时为昭王随从大臣。

【译文】

昭王逃离郢都后，来到云梦，不料受到强盗的袭击，昭王又逃到郧。郧公的弟弟怀说道：『是楚平王杀了我们的父亲，我们把他的儿子杀了，这不也是理所当然的吗！』郧公担心他的弟弟杀昭王，就与昭王一道逃到随。吴国的军队包围了随，对随人说：『周朝的子孙封国在汉水流域的，全都被楚国灭掉了。（楚国也是你们的敌人。）』随人准备杀掉昭王，王子綦把昭王藏匿起来，自己冒充昭王来承当灾难。但随人占卜的结果却说把昭王交给吴国不吉利，便借故推托，而没有把昭王交给吴国。

【原文】

始伍员与申包胥为交[1]，员之亡也，谓包胥曰：『我必覆楚。』包胥曰：『我必存之。』及吴兵入郢，伍子胥求昭王。既不得，乃掘楚平王墓，出其尸，鞭之三百，然后已。申包胥亡于山中，使人谓子胥曰：『子之报仇，其以甚乎！吾闻之，人众者胜天，天定亦能破人[2]。今子故平王之臣，亲北面而事之[3]，今至于僇[4]死人，此岂其无天道之极乎！』伍子胥曰：『为我谢申包胥曰，吾日莫[5]途远，吾故倒行而逆施之。』于是申包胥走秦告急，求救于秦。秦不许。包胥立于秦廷[6]，昼夜哭，七日七夜不绝其声。秦哀公[7]怜之，曰：『楚虽无道，有臣若是，可无存乎！』乃遣车五百乘[8]救楚击吴。六月[9]，败吴兵于稷[10]。会吴王久留楚求昭王，而阖庐弟夫概乃亡归，自立为王。阖庐闻之，乃释楚而归，击其弟夫概。

夫概败走，遂奔楚。楚昭王见吴有内乱，乃复入郢。封夫概于堂谿⑪，为堂谿氏。楚复与吴战，败吴，吴王乃归。

【注释】

①申包胥：《楚世家》作『申鲍胥』，楚大夫。为交：为友。②人众者胜天，天定亦能破人：意思是虽然人多势众逞一时凶暴能够胜天，但天最终仍将击破众人，战胜凶暴。申包胥是要伍子胥尊重天意，不要违背天道，干伤天害理的事。③北面而事之：古时帝王坐北朝南，以临臣子，故大臣朝见帝王面向北方。④僇：通『戮』，侮辱，惩罚。⑤莫：通『暮』。⑥秦廷：指秦君坐朝的宫殿。⑦秦哀公：景公子，公元前536年至前501年在位。⑧乘：古时车辆的单位。春秋时常例战车一乘，配甲士三人，步卒七十二人。⑨六月：时在楚昭王十一年，即公元前505年。⑩稷：楚地名，故地在今河南省桐柏县东。⑪堂谿：楚地名，故地在今河南省西平县西。

【译文】

当初，伍员与申包胥是好朋友，伍员从楚国出逃的时候对申包胥说：『我一定要颠覆楚国。』申包胥说：『我必定能使楚国存在下去。』等到吴国大军入郢，伍子胥到处搜寻昭王，没有找到，他就掘开楚平王的墓，拖出尸骨，抽打了三百鞭，方才住手。申包胥这时也逃出郢都，躲在山中，派人对伍子胥说：『你这样报仇，未免也太过分了吧！我听说，虽然人多势众，一时或许能胜过天理，但天理最终还是要获胜的。你从前是平王的臣子，曾经面朝北亲自侍奉过他，现在竟然鞭打死人，这岂不是不讲天理到极点了吗！』伍子胥对来人说：『替我向申包胥致歉吧，就说我因为年事已高，而报仇心切，就像眼看要日落西山，却仍路途遥遥，所以才做出这种倒行逆施的事情来。』于是，申包胥就跑到秦国去告急，请求秦国发兵救楚。秦国不肯出兵。申包胥站在秦国的宫廷中日夜不停地痛哭，哭了七天七夜，哭声始终没有中断。秦哀公很受感动，说：『楚王虽然无道，但是有这样的臣子，怎么能不保全楚国呢！』他就派遣了五百辆兵车援救楚国，抗击吴国。六月，在稷打败了吴军。这时，由于吴王阖庐到处搜寻楚昭王，在楚国停留已经很久，阖庐的弟弟夫概乘机偷偷回到吴国，自立为王。阖庐听到这个消息，便丢下楚国赶回国内，攻打他的弟弟夫概。夫概兵败逃走，就投奔了楚国。楚昭王看到吴国发生内乱，又重返郢都。他将夫概封在堂谿，夫概就叫作堂谿氏。楚国继续与吴国作战，打败了吴军，吴王便撤军回到国内。

【原文】

后二岁，阖庐使太子夫差将兵伐楚，取番[①]。楚惧吴复大来，乃去郢，徙于鄀[②]。当是时，吴以伍子胥、孙武之谋，西破强楚，北威齐晋，南服越人。

【注释】

①番：楚地名，故地在今江西省鄱阳县一带。②鄀：故地在今湖北省宣城市东南。

【译文】

两年以后，吴王阖庐派太子夫差率军进攻楚国，占领了番。楚国害怕吴军又要大举入侵，就迁离了郢都，迁都到鄀。这时期，吴国由于有伍子胥、孙武出谋划策，西面打败了强大的楚国，北面威震齐、晋等国，南面降伏了越人，最为强盛。

【原文】

其后四年[①]，孔子相鲁。

后五年，伐越。越王勾践②迎击，败吴于姑苏③，伤阖庐指，军却。阖庐病创④将死，谓太子夫差曰：『尔忘勾践杀尔父乎？』夫差对曰：『不敢忘。』是夕，阖庐死。夫差既立为王⑤，以伯嚭为太宰⑥，习战射。二年后伐越，败越于夫湫⑦。越王勾践乃以余兵五千人栖⑧于会稽之上，使大夫种厚币遗⑨吴太宰嚭以请和，求委国为臣妾⑩。吴王将许之。伍子胥谏曰：『越王为人能辛苦。今王不灭，后必悔之。』吴王不听，用太宰嚭计，与越平⑪。

【注释】

①其后四年：据《左传》，鲁定公十年（公元前500年），孔子为鲁相。②勾践：越王允常之子。公元前496年，勾践在槜李（今浙江嘉兴西南）抗击吴军。③姑苏：今江苏苏州。但此处『姑苏』实为『槜李』之误，《左传》及本书《吴世家》《越王勾践世家》皆作『槜李』。④病创：指因伤口恶化而病得厉害。病：指病情严重，与今义有异。创：伤。⑤夫差既立为王：夫差公元前495年至前473年在位。⑥太宰：职官名，为辅佐君王治理国政的大臣。⑦夫湫：旧说指今在太湖中的湫山（江苏吴县）。⑧栖：山处曰栖。『会稽』，指会稽山，在今浙江省绍兴市东南。⑨大夫种：越大夫文种，姓文名种，字子禽，楚国郢人，与范蠡一同辅佐勾践复仇灭吴，胜利后被勾践赐剑自杀身死。事迹详本书《越王勾践世家》。币：财礼。遗：给予，赠送。⑩委：交托，付托。臣妾：奴婢，男曰奴，女曰妾。⑪平：讲和。

【译文】

此后四年，孔子担任了鲁国的宰相。

五年以后，吴国进攻越国。越王勾践迎战吴军，在姑苏打败了吴军，阖庐的脚趾负了伤，吴军只得退却。阖庐的创伤恶化，病情严重，临死之前对太子夫差说：『你会忘记是勾践杀了你的父亲吗？』夫差回答说：『不敢忘记。』当晚，阖庐就去世了。夫差即位为王，便任用伯嚭为太宰，加紧操练兵士。两年后，吴国进攻越国，在夫湫打败越军。越王勾践带领余部五千人退往会稽山屯驻，派大夫文种带着厚礼送给吴国的太宰伯嚭，请求讲和，愿意交出国家大权，和妻子一起给吴王去当奴仆。吴王准备答应越国的请求，伍子胥劝谏道：『越王勾践为人吃苦耐劳，现在大王不消灭他，以后一定要后悔的。』吴王不听伍子胥的话，而采纳了太宰伯嚭的意见，宽恕了越国，与它讲了和。

【原文】

其后五年①，而吴王闻齐景公②死而大臣争宠，新君③弱，乃兴师北伐齐。伍子胥谏曰：『勾践食不重味④，吊死⑤问疾，且⑥欲有所用之也。此人不死，必为吴患。今吴之有越，犹人之有腹心疾也。而王不先越而乃务⑦齐，不亦谬乎！』吴王不听，伐齐，大败齐师于艾陵⑧，遂威邹鲁⑨之君以归。益疏子胥之谋。

【注释】

①其后五年：据《左传》，齐于鲁哀公六年，即公元前489年后内乱数年。②齐景公：齐庄公之子，名杵臼，公元前547年即位，公元前490年卒。③新君：指晏孺子，名荼。因其母受宠于景公而得立，齐诸公子因出奔他国。田乞、鲍牧发动政变，改立阳生（悼公），杀晏孺子。④重味：数种菜肴。⑤吊死：祭奠死者，慰问家属。⑥且：将要。⑦务：指致力于某事。⑧艾陵：齐地名，故地在今山东省莱芜市东北。⑨邹：《左传》作『邾』，古国名，故都在今山东省邹县东南。鲁：周的诸侯国，周武王封其弟周公旦于鲁，都曲阜（今山东曲阜）。春秋后期政权已落入季孙氏手中。

【译文】

此后五年，吴王听说齐景公死了，大臣们争权夺位，新立的国君地位虚弱，便出动军队，北伐齐国。伍子胥劝谏说：『勾践现在吃饭只吃一个菜，生活朴素，关心百姓，吊唁死者，慰问病人，这正是想着将要用到老百姓的缘故呀！此人不死，必定成为吴国的隐患。现在对于吴国来说，越国的存在就好像人的腹心的疾病一样。而大王不先消灭越国，反倒去致力攻打齐国，不是全搞错啦！』吴王不听伍子胥的劝告，进攻齐国，在艾陵大败齐军，威名大震，使得邹、鲁等国的国君大为慑服，然后班师回国。从此以后吴王就更加不听伍子胥出谋划策了。

【原文】

其后四年，吴王将北伐齐，越王勾践用子贡①之谋，乃率其众以助吴，而重宝以献遗太宰嚭。太宰嚭既数受越赂，其爱信越殊甚，日夜为言于吴王。吴王信用嚭之计。伍子胥谏曰：『夫越，腹心之病，今信其浮辞诈伪而贪齐。破齐，譬犹石田②，无所用之。且《盘庚之诰》③曰：「有颠越不恭，劓殄灭之，俾无遗育，无使易种于兹邑④。」此商之所以兴。愿王释齐而先越；若不然，后将悔之无及。』而吴王不听，使子胥于齐⑤。子胥临行，谓其子曰：『吾数⑥谏王，王不用，吾今见吴之亡矣。汝与吴俱亡，无益也。』乃属其子于齐鲍牧⑦，而还报⑧吴。

【注释】

①子贡：孔子的弟子端木赐，字子贡。②石田：多石而不可耕作之田。③《盘庚之诰》：即《尚书·盘庚篇》，记载商王盘庚迁都前后对百姓的告诫。④有颠越不恭：以下数语今本《尚书·盘庚》作：『乃有不吉不迪，颠越不恭，暂遇奸宄，我乃劓殄灭之，无遗育，无俾易种于兹新邑。』颠越：指破坏礼法。不恭：指违抗上命。劓：古代割鼻之刑。

此泛指割、杀等刑罚。殄：灭绝。俾：使。遗育：遗余生存。易种：指变易其种类而得繁衍滋生。⑤使：使动用法，让……作使节。⑥数：多次。⑦属：委托。鲍牧：齐大夫，鲍叔牙之后。时鲍牧已死，应是『鲍氏』之误。⑧报：奉命办事完毕后报告情况。

【译文】

此后四年，吴王准备北伐齐国，越王勾践采用了子贡的计谋，率领他的军队协助吴国作战，又给太宰伯嚭进献了贵重的宝物。太宰伯嚭既然屡次接受越国的贿赂，便越来越信任和喜欢越国，一天到晚在吴王面前替越国说好话。吴王十分信任伯嚭，采纳他的计谋。伍子胥劝谏道：『越国是吴国的心腹之患，现在却偏偏相信他们的虚伪的谎言和骗人的行为，又贪图伐齐的功利。然而，吴国即使能够攻占齐国，也好像得到了一块石田，（既不能耕，又不能种，）毫无用处，毫无意义。况且《盘庚之诰》说过：「有叛逆不顺从的，就把他们全部彻底地消灭掉，让他们断子绝孙，决不许他们在这块土地上种下祸根。」这正是商朝能够兴盛起来的原因。希望大王能放下齐国而先攻打越国；如果不这样去做，以后将会悔恨的，那就来不及了。』但吴王仍然不听，派伍子胥出使齐国。伍子胥临行之前，对他的儿子说：『我屡次劝谏我们的大王，但大王不肯听从我的意见，我们很快就要看到吴国的灭亡了。你和吴国一起灭亡，那是没有什么意义的。』于是，便把他的儿子托付给齐国的鲍牧，自己回到吴国交差。

【原文】

吴太宰嚭既与子胥有隙①，因谗曰：『子胥为人刚暴，少恩，猜贼，其怨望恐为深祸也。前日王欲伐齐，子胥以为不可，王卒伐之而有大功。子胥耻其计谋不用，乃反怨望。而今王又复伐齐，子胥专愎强谏②，沮毁用事③，徒幸④

吴之败以自胜其计谋耳。今王自行，悉国中武力以伐齐，而子胥谏不用，因辍谢[5]，详[6]病不行。王不可不备，此起祸不难。且嚭使人微伺[7]之，其使于齐也，乃属其子于齐之鲍氏。夫为人臣，内不得意，外倚诸侯，自以为先王之谋臣，今不见用，常鞅鞅[8]怨望。愿王早图之。”吴王曰：“微[9]子之言，吾亦疑之。”乃使使赐伍子胥属镂[10]之剑，曰：“子以此死。”伍子胥仰天叹曰：“嗟乎！谗臣嚭为乱矣，王乃反诛我。我令若父霸。自若[11]未立时，诸公子争立，我以死争之于先王，几不得立。若既得立，欲分吴国予我，我顾[12]不敢望也。然今若听谀臣言以杀长者。”乃告其舍人曰：“必树吾墓上以梓，令可以为器[13]；而抉吾眼县[14]吴东门之上，以观越寇之入灭吴也。”乃自刭死。吴王闻之大怒，乃取子胥尸盛以鸱夷革[15]，浮之江中。吴人怜之，为立祠于江上，因命曰胥山[16]。

【注释】

①隙：嫌隙，隔阂。②专愎：专横任性，一意孤行。强谏：竭尽全力地劝谏。③沮毁：诋毁，诽谤。用事：行事。④徒：只。幸：希望。⑤辍：止，废止。谢：推辞，拒绝。⑥详：通“佯”，假装。⑦微：暗暗地。伺：探察。⑧鞅鞅：通“怏怏”，不满的样子。⑨微：非。⑩属镂：剑名，或作“属卢”“属鹿”等。⑪若：你。⑫顾：却，反。⑬必树吾墓上以梓，令可以为器：《左传》哀公十一年（公元前484年）记伍子胥语说：“树吾墓槚，槚可材也，吴其亡乎！”是说等墓上的树长大成材，可以有用时，吴国也该亡国了。⑭抉：挖出，剜出。县：同“悬”。⑮鸱夷革：以皮革制成的鸱鸟形状的盛酒的容器。⑯胥山：在今江苏省吴县西南。

【译文】

吴太宰嚭早就与伍子胥有嫌隙，因而毁谤子胥说：“伍子胥为人生硬凶暴，没有感情，好猜疑，爱嫉恨，他对大王的怨恨不满恐怕早晚要成为大祸害的。前次大王准备伐齐的时候，伍子胥就认为不能伐，但大王终于出兵向齐国发动了进攻，结果大获成功。伍子胥对自己的计谋未被采纳感到羞辱，反而因此怨恨大王。现在大王准备再次伐齐，伍子胥刚愎自用，强词夺理地进行拦阻，不惜诋毁和诽谤大王，一意孤行，他只不过是在幸灾乐祸地希望以吴国的失败来证实自己的计谋的高明。如今大王亲自率领大军，出动国内全部军队去伐齐，而伍子胥由于谏议未被采用，便不再来上朝，他假装生病而不跟大王一道北上，大王不可不防备呀！这个时候他要惹祸闹事可太容易了。况且我派人暗中注意着伍子胥，他出使齐国的时候，已经把他的儿子托付给了齐国的鲍氏了。伍子胥身为臣子，在国内不得意，便到国外去投靠诸侯，他自以为是先王的谋臣，如今不被重用，就常常心怀不满地怨恨大王。希望大王及早采取措施。』吴王说：『你不说这些话，我也早就在怀疑他了。』于是，吴王派人给伍子胥送去一把『属镂』宝剑，说：『你拿它去死！』伍子胥仰天长叹道：『啊！奸臣伯嚭在作乱了，大王却反而要杀掉我。是我曾经使你的父亲成为称雄诸侯的霸主；当你还没有被立为太子的时候，各公子争抢着要当太子，又是我用生命在先王面前为你争取，差一点就不能把你立为太子。你做了国王之后，要把吴国分一部分给我，我倒也并不指望着那样。然而，你今天竟然听信奸臣的恶语中伤要杀害你的长辈。』伍子胥便告诉他的舍人说：『我死了以后，一定要在我的墓上种上梓树，让它长成之后可以派用场，把我的眼睛摘下来悬挂在都城东门之上，我要亲眼看到越寇的入侵、吴国的灭亡。』说罢便自刭而死。吴王听说了伍子胥的话后，大为愤怒，将伍子胥的尸体装在用皮革做的袋子里，让它在长江中漂浮。吴国的百姓敬重伍子胥，为他在长江边上建立了祠堂，这个地方因此就叫作胥山。

【原文】

吴王既诛伍子胥，遂伐齐。齐鲍氏杀其君悼公而立阳生①。吴王欲讨其贼，不胜而去②。其后二年③，吴王召鲁卫之君会之橐皋④。其明年，因北大会诸侯于黄池⑤，以令周室⑥。越王勾践袭杀吴太子⑦，破吴兵。吴王闻之，乃归，使使厚币与越平。后九年⑧，越王勾践遂灭吴，杀王夫差；而诛太宰嚭，以不忠于其君，而外受重赂，与己比周⑨也。

【注释】

①齐鲍氏杀其君悼公而立阳生：此处文字有误，悼公即阳生，当是杀其君悼公而立壬。壬，即齐简公。本文及《吴太伯世家》所记吴、齐关系，多有错误失实之处。②吴王欲讨其贼，不胜而去：《吴太伯世家》云，吴王『乃从海上攻齐，齐人败吴，吴王乃引兵归』。贼指乱臣。③其后二年：据《左传》，事在鲁哀公十二年，即公元前483年。④橐皋：故地在今安徽省巢县西北拓皋镇。⑤黄池：故地在今河南省封丘县西南。⑥以令周室：黄池会盟时，吴人称：『于周室，我为长。』企图号令姬姓各诸侯国。由于吴国是周太王长子太伯之后，故得以『长』自居。⑦越王勾践袭杀吴太子：越王勾践趁吴王夫差北上会盟之机，偷袭吴国，俘获吴太子友等，大败吴军。⑧后九年：据《左传》，越灭吴在鲁哀公二十二年，即公元前473年。⑨比周：结党营私。

【译文】

吴王杀了伍子胥以后，便向齐国发动了进攻。齐国的鲍氏杀了他的国君悼公而立阳生做齐王。吴王打算以杀君之罪讨伐鲍氏，但没有打赢，只好撤军。此后二年，吴王召鲁国和卫国的国君到橐皋相会。第二年，又北上与各国诸侯聚会于黄池，想以盟主的身份在周室诸侯中发号令。这时，越王勾践却乘机偷袭吴国，杀了吴国的太子，击败了吴军。吴王听到这个消息，便赶回国内，派遣使者送了厚礼，与越国讲了和。九年以后，越王勾践终于灭掉了吴国，杀了吴王夫差，并处决了太宰嚭，认为太宰嚭不忠于他的国君，在外接受大量的贿赂，私自与越国交结，替越国办事。

【原文】

伍子胥初所与俱亡故楚太子建之子胜者，在于吴。吴王夫差之时，楚惠王①欲召胜归楚。叶公②谏曰：『胜好勇而阴求死士③，殆有私乎！』惠王不听。遂召胜，使居楚之边邑鄢④，号为白公⑤。白公归楚三年而吴诛子胥。

【注释】

①楚惠王：昭王之妾所生之子，名章，公元前488年至前475年在位。②叶公：即沈诸梁，字子高，因受封于叶邑而名『叶公』。叶，故地在今河南省叶县南。③死士：不怕牺牲，勇于献身的人。④鄢：故地在今河南省鄢城县一带。⑤白公：因食邑封于白，故名『白公』。

【译文】

当初与伍子胥一起逃亡的楚太子建的儿子胜，居住在吴国。吴王夫差的时候，楚惠王想把胜召回楚国。叶公劝谏道：『胜为人勇武，暗中搜罗亡命之徒，他恐怕是有自己的打算呢！』惠王不听叶公的话，还是召回了胜，安置他住在楚国的边境城邑鄢，号称白公。白公回到楚国三年，吴王夫差杀了伍子胥。

【原文】

白公胜既归楚，怨郑之杀其父，乃阴养死士求报郑。归楚五年，请伐郑，楚令尹子西[1]许之。兵未发而晋伐郑，郑请救于楚。楚使子西往救，与盟而还。白公胜怒曰：『非郑之仇，乃子西也。』胜自砺剑，人问曰：『何以为？』胜曰：『欲以杀子西。』子西闻之，笑曰：『胜如卵耳，何能为也[2]。』

【注释】

①令尹子西：子西为楚平王之子，名申。令尹，职官名，是楚国的执政大臣。②卵：鸟蛋。

【译文】

白公胜既已回到楚国，怨恨郑国杀害了他的父亲，便暗地里收罗那些愿意为他舍身的勇士，准备伺机报复郑国。白公回到楚国五年后，请求讨伐郑国，楚国的执政大臣令尹子西同意了。军队还没有出动，晋国出兵攻打郑国，郑国请求楚国救援。楚国派了子西去救助，与郑国订立了盟约后回到国内。白公胜气愤地说：『我的仇人不是郑国，而是子西！』白公胜自己磨着宝剑，有人问道：『你磨剑干什么呀？』胜说：『准备用来杀子西。』子西听到这话，笑笑说：『胜就像那鸟卵一样，（全靠我的羽翼才得以生存，）哪里会那样干呢？』

【原文】

其后四岁[1]，白公胜与石乞袭杀楚令尹子西、司马子綦[2]于朝。石乞曰：『不杀王，不可。』乃劫王如高府[3]。石乞从者屈固负楚惠王亡走昭夫人[4]之宫。叶公闻白公为乱，率其国人攻白公。白公之徒败，亡走山中，自杀。而虏石乞，而问白公尸处，不言将亨[5]。石乞曰：『事成为卿[6]，不成而亨，固其职也。』终不肯告其尸处。遂亨石乞，而求惠王复立之。

【注释】

①其后四岁：据《左传》，事在鲁哀公十六年，即公元前479年。②石乞：白公胜所收罗的勇士。司马子綦：即王子綦，楚平王之子，名结。③高府：楚王的别宫。④石乞从者屈固：本文此处有误，《集解》引徐广说『一作「惠王从者」』，《楚世家》亦作『惠王从者』。《左传》记此事说：『石乞尹门，圉公阳穴宫，负王以如昭夫人之宫。』（石乞把住了大门，圉公阳在宫墙上打了洞，背着惠王逃到昭王夫人的宫中。）圉公阳是楚大夫，与屈固不是同一人。据考证，屈固应是《左传》所记之『箴尹固』，其人本欲参与白公之乱，经劝说改从叶公。昭夫人：昭王之妾，惠王之母。⑤亨：通『烹』，一种将人抛入汤镬中烧煮而死的刑罚。⑥卿：指国家的执政大臣。

【译文】

此后四年，白公胜与石乞在朝廷发动突然袭击，杀了令尹子西和司马子綦。石乞说：『不杀掉国王不行。』于是将惠王劫持到高府中。石乞的随从屈固背着惠王逃到昭夫人的宫里躲了起来。叶公听到白公作乱的消息，率领他的部属来打白公。白公的人被打败，逃到山里，白公胜自杀身死。石乞被俘虏了，追问他白公的尸体藏在哪里，如果不讲出来就把他扔进汤镬处以烹刑。石乞说：『大功告成我作卿相，不能成功我进汤镬，本来就应当如此。』终于不肯讲出白公胜的尸体到底在哪里。结果就将石乞处以烹刑。叶公又找回了惠王，重新立为国王。

【原文】

太史公曰：怨毒[1]之于人甚矣哉！王者尚不能行之于臣下，况同列乎！向[2]令伍子胥从奢俱死，何异蝼蚁。弃小义，雪大耻，名垂于后世，悲夫！方子胥窘于江上，道乞食，志岂尝须臾忘郢邪？故隐忍就功名，非烈丈夫[3]孰能致此哉？白公如不自立为君者[4]，其功谋亦不可胜道者哉！

【注释】

①怨毒：仇恨，憎恶。②向：假如，假使。③烈丈夫：指胸怀抱负，视死如归的壮士。④白公如不自立为君者：《楚世家》记载，白公胜逐走楚惠王后，曾自立为王。《左传》不记此事。

【译文】

太史公说：仇恨对于人的影响实在是太大了。即使是做国王的人都不能让仇恨之心在臣子身上萌生，何况是地位相同的人之间呢！假如当初伍子胥跟着伍奢一道死了的话，那与蝼蚁之死又有什么区别呢？但他能够放弃小意气，洗雪大耻辱，使名声流传后世。可悲啊！当子胥在长江边困顿窘迫之时，在道路上乞讨糊口之时，心中难道会在一瞬之间忘掉对郢都、对楚王的仇恨吗？不会的。所以说克制忍耐成就功名，不是抱负远大的壮士又有谁能做得到呢？白公如果不是自己去当国君的话，那么他的功业也是很可称道的呢！

商君列传（上）

【原文】

商君者，卫之诸庶孽公子[1]也，名鞅，姓公孙氏[2]，其祖本姬姓也。鞅少好刑名之学[3]，事魏相公叔座为中庶子[4]。公叔座知其贤，未及进。会座病，魏惠王[5]亲往问病，曰：『公叔病有如不可讳[6]，将奈社稷何[7]？』公叔曰：『座之中庶子公孙鞅，年虽少，有奇才，愿王举国而听之。』王嘿[8]然。王且去，座屏人言曰：『王即[9]不听用鞅，必杀之，无令出境。』王许诺而去。公叔座召鞅谢⑩曰：『今者王问可以为相者，我言若⑪，王色不许我。我方⑫先君后臣，因谓王即弗用鞅，当杀之。王许我。汝可疾去矣，且见禽⑬。』鞅曰：『彼王不能用君之言任臣，又安能用君之言杀臣乎？』卒不去。惠王既去，而谓左右曰：『公叔病甚，悲乎！欲令寡人以国听公孙鞅也，岂不悖⑭哉！』

【注释】

①卫：国名，姬姓，始封君为周武王之弟康叔。庶孽：嫡长子孙以外的旁系别枝。公子：别本或无『公』字。②姓公孙氏：春秋战国时代，国君的孙子称『公孙』，其后遂以『公孙』为氏。③刑名之学：『刑』亦作『形』，原指研究形体与名称关系的学说，法家用以作为阐述、推行自己政治主张的理论，把『形名』与『法术』相联系，『名』引申为名分、言论、法术等，强调循名责实，慎赏明罚。④中庶子：官名，战国时代国君、太子、相国等上层权贵的侍从之臣。⑤魏惠王：名罃，或作莹、婴，亦称梁惠王，魏武侯之子，公元前369年至前319年在位。详见本书《魏世家》。⑥有如：『有』意同『如』，如果，倘若。不可讳：不能避忌，这是死的委婉说法。死为古人忌讳之事，但又无法避免，不便直言，故有此说。⑦奈何：把……怎么样。⑧嘿：同『默』。⑨即：如，如果。⑩谢：告，告诉。⑪若：你。⑫方：当，应当。⑬禽：通『擒』。⑭悖：悖乱，荒谬。

【译文】

商君是卫国公室的庶出公子，名鞅，姓公孙，他的祖先原本姓姬。商鞅年少时喜好刑名之学，事奉魏国相国公叔座当中庶子。公叔座知道他有才干，还没有来得及向魏王进荐。适遇公叔座病重，魏惠王亲自前往探望病情，说：

「您的病倘若有三长两短，国家将怎么办？」公叔座说：「我的中庶子公孙鞅，年纪虽轻，却身怀奇才，希望大王把全部国政交付给他。」魏王沉默不语。魏王将要离去，公叔座屏退旁人而说道：「大王如果不起用公孙鞅，就一定要杀掉他，别让他出国境。」魏王一口应承而离去。公叔座召见商鞅告诉道：「今日大王询问可以担任相国的人选，我说了你，看大王的表情不赞成我的意见。我理应先国君后臣子，便对大王说如果不任用公孙鞅，就该杀掉他。大王应承了我。你可以赶紧离开了，（不然，）将要被逮捕。」商鞅说：「大王他既然不采纳您的话任用我，又怎么能采纳您的话杀我呢？」结果没有离去。魏惠王离开公叔座后，便对身边的人说：「公叔座病得很重，令人悲伤啊！他想让我把国政交付给公孙鞅，岂不荒唐呀！」

【原文】

公叔既死，公孙鞅闻秦孝公[1]下令国中求贤者，将修缪公[2]之业，东复侵地[3]，乃遂西入秦，因孝公宠臣景监以求见孝公。孝公既[4]见卫鞅，语事良久，孝公时时睡，弗听。罢而孝公怒景监曰：「子之客妄人耳，安足用邪！」景监以让[5]卫鞅。卫鞅曰：「吾说公以帝道[6]，其志不开悟[7]矣。」后五日，复求见鞅。鞅复见孝公，益愈[8]，然而未中旨。罢而孝公复让景监，景监亦让鞅。鞅曰：「吾说公以王道[9]而未入也。请复见鞅。」鞅复见孝公，孝公善之而未用也。罢而去。孝公谓景监曰：「汝客善，可与语矣。」鞅曰：「吾说公以霸道[10]，其意欲用之矣。诚[11]复见我，我知之矣。」卫鞅复见孝公。公与语，不自知厀之前于席[12]也。语数日不厌。景监曰：「子何以中吾君？吾君之驩[13]甚也。」鞅曰：「吾说君以帝王之道比[14]三代，而君曰：『久远，吾不能待。且贤君者，各及其身显名天下，安能邑邑[15]待数十百年以成帝王乎？』故吾以彊[16]国之术说君，君大说[17]之耳。然亦难以比德于殷、周矣。」

【注释】

①秦孝公：名渠梁，秦献公之子，公元前361年至前338年在位。详见本书《秦本纪》。②缪公：即秦缪公，『缪』亦作『穆』，名任好，秦德公之子，春秋五霸之一，公元前659年至前621年在位。详见本书《秦本纪》。③东复侵地：据本书《秦本纪》所载秦孝公求贤令，指收复秦国东部被魏国所攻取的河西（今北洛水和黄河间地）。④既：通『即』，立即。⑤让：责备。⑥说：劝说，游说。帝道：指黄帝、颛顼、帝喾、尧、舜等五帝之道。⑦开悟：领悟，理会。⑧益愈：『益』『愈』同义，越发，更加。这里指谈得更多。⑨王道：指夏禹、商汤、周文武的三王之道。⑩霸道：指春秋五霸之道。⑪诚：果真，如果。⑫厀：通『膝』。席：座席。古人坐法，以两膝着地，臀部坐在脚后跟上，下垫座席。⑬驩：同『欢』。⑭比：及，达到。⑮邑邑：同『悒悒』，忧郁压抑的样子。⑯彊：通『强』。⑰说：通『悦』，高兴，喜欢。

【译文】

公叔座已死，公孙鞅听说秦孝公在国中下令寻求贤才，准备重建秦缪公的霸业，东方要收复被魏国侵占的土地，于是就西行进入秦国，通过秦孝公的宠臣景监来求见孝公。秦孝公立即会见卫鞅，交谈政事很长时间，孝公常常打瞌睡，没有听。谈完后孝公对景监发脾气说：『你的那位来客只不过是个无知狂妄之徒罢了，哪配任用呢！』景监因此责备卫鞅。卫鞅说：『我用五帝之道劝说孝公，他的心思不加理会呀。』五日之后，卫鞅又要求孝公接见自己。卫鞅又进见孝公，谈得比前次更多，然而没有中孝公的意。谈完后孝公又责备景监，景监也责备卫鞅。卫鞅说：『我用三王之道劝说孝公，而他听不进。请求再一次召见我。』卫鞅再一次进见秦孝公，孝公觉得好而没有采用。谈完后卫鞅离开。孝公对景监说：『你的那位来客好，可以同他交谈了。』卫鞅说：『我用霸道劝说孝公，他的意思要采用了。如果再召见我，我知道该说什么了。』卫鞅果然又进见秦孝公。孝公与他交谈，不知不觉膝盖在座席上直往前挪动。交谈了好几天还不满足。景监对卫鞅说：『你用什么说中我国君的心意？我的国君高兴得很啊。』卫鞅说：『我用帝王之道达到夏、商、周三代盛世来劝说国君，可国君说：「时间太长，我没法等待。况且贤能的君主，都在自身就扬名天下，哪里能默默无闻地等待几十年、几百年来成就帝王之业呢？」因此我就用强国之术向国君陈述，国君大为高兴。但这样就难以同殷、周的德治相比拟了。』

【原文】

孝公既用卫鞅，鞅欲变法，恐天下议己。卫鞅曰：『疑[1]行无名，疑事无功。且夫有高人[2]之行者，固见非[3]于世；有独知之虑者，必见敖[4]于民。愚者闇[5]于成事，知[6]者见于未萌。民不可与虑始而可与乐成。论至德者不和[7]于俗，成大功者不谋于众。是以圣人苟[8]可以强国，不法其故[9]；苟可以利民，不循其礼。』孝公曰：『善。』甘龙[10]曰：『不然。圣人不易民[11]而教，知者不变法而治。因民而教，不劳而成功；缘法而治者，吏习而民安之。』卫鞅曰：『龙之所言，世俗之言也。常人安于故俗，学者溺[12]于所闻。以此两者居[13]官守法可也，非所与论于法之外也。三代不同礼而王，五伯[14]不同法而霸。智者作法，愚者制[15]焉；贤者更礼，不肖者拘[16]焉。』杜挚[17]曰：『利不百，不变法；功不十，不易器。法古无过，循礼无邪。』卫鞅曰：『治世不一道，便国不法古。故汤、武[18]不循古而王，夏、殷[19]不易礼而亡。反古者不可非，而循礼者不足多[20]。』孝公曰：『善。』以卫鞅为左庶长[21]，卒定变法之令。

【注释】

①疑：迟疑，犹豫。②且夫：『且』用法同『夫』，皆为句首语助词，起提示作用。高人：过人，超出一般人。③见非：被非难，被反对。④敖：通『謷』，诋毁，诽谤。⑤闇：同『暗』，不明，糊涂。⑥知：同『智』。⑦论：讲论，谈论。至德：最高的德行。和：随着唱，附和。⑧苟：如果，倘若。⑨法：效法，沿袭。故：旧，这里指从前的成法。⑩甘龙：秦国大夫。或说为春秋时周宗室甘昭公后裔。⑪易：更改，改变。民：这里指民俗，民间习俗。⑫溺：沉溺，局限。⑬居：当，任。⑭五伯：即五霸，战国人一般指齐桓公、晋文公、楚庄王、吴王阖闾、越王勾践等春秋时代的五个霸主。⑮制：控制，制约。这里指受制。⑯不肖：不似，不贤。拘：拘泥，拘束。⑰杜挚：秦国大夫。⑱汤、武：指商汤王、周武王。⑲夏、殷：指夏桀、商纣。⑳多：推重，赞美。㉑左庶长：秦国爵名。

【译文】

秦孝公立即任用卫鞅，卫鞅准备变法，但秦孝公担心天下非议自己。卫鞅说：『行动迟疑不决就不会成名，做事犹豫不定就不会成功。那些有过人举动的人，本来就会被世俗所非难；有独到见识的谋划者，必定会被百姓所讥讽。愚蠢的人对已经完成的事情都感到困惑，智慧的人对没有发生的事情都能预见。百姓，不可以同他们谋划事业的创始，只可以同他们欢庆事业的成功。讲论最高道德的人不附和世俗，成就伟大功绩的人不征询民众。因此圣人如果可以强国，就不袭用成法；如果可以利民，就不遵循旧礼。』秦孝公说：『好。』甘龙说：『不对。圣人不改民俗而施教，智者不变法度而治国。依照民俗而施教，不费气力就会成功；根据成法而治国，官吏习惯而百姓平安。』卫鞅说：『甘龙所说的话，是凡夫俗子的言论。常人苟安于旧习俗，学者局限于所见所闻。用这两种人当官守法是可以的，但不是与之探讨成法之外事情的人。三代不同礼教而成就王业，五伯不同法制而建立霸业。智慧的人制定法律，愚蠢的人受制于法律；贤能的人更改礼教，无能的人拘泥旧礼。』杜挚说：『没有百倍的利益，不能改变法度；没有十倍的功效，不更换器具。效法古代没有过失，遵循旧礼没有邪恶。』卫鞅说：『治理社会不只一条道路，有利国家不必效法古代。所以商汤、周武不循古道而缔造王业，夏桀、商纣不改礼制而亡国。违反古道的不可以否定，而因循旧礼的不值得赞美。』秦孝公说：『好。』用卫鞅为左庶长，终于决定下达变法的命令。